뇌가 섹시해지는

추리 퀴즈

2단계

뇌가 섹시해지는

추리 퀴즈

2단계

팀 데도풀로스 지음
박미영 옮김

비전코리아

PROLOGUE

퀴즈나 퍼즐 풀기는 실로 오래된 인류 공통의 오락거리다. 우리가 아는 모든 문화권에서 여가 시간에 문제 풀이를 하고 있으며, 고고학자들은 문명 초창기부터 퀴즈와 퍼즐이 있었다는 기록과 흔적을 발견했다. 지성을 이용하여 문제를 푸는 것은 우리 인류를 지금에 이르게 한 독특한 특성이므로, 그것이 우리의 기본 속성이라고 말해도 전혀 이상한 일이 아니다.

또한 두뇌를 계속 활용하는 것은 매우 좋은 일이기도 하다. 최근의 과학적인 연구로 우리가 오랫동안 짐작으로만 생각해 오던 것이 확인되었다. 즉 육체적 힘과 마찬가지로 정신적 능력 역시 쓰지 않으면 퇴화한다는 것이다. 정신을 더 활발하게 유지할수록, 노화로 인한 인지적 퇴행이 줄어든다. 매일 퀴즈나 퍼즐을 풀면 정신 건강을 유지하는 데 진짜 도움이 된다!

이 책에 실린 추리 퀴즈는 약간 특별하다. 각 사건마다 여러 명의 인물들이 등장하는데 그중 한 명 또는 그 이상의 인물들이 거짓말을 할 것이다. 범인을 밝혀내기 위해 알아야 할 '사실의 불일치'나 '말이 되지 않는 상황' 등은 이야기 속에 전부 제시되어 있다. 여러분은 그 속의 허점을 밝혀내 범인을 잡아야 한다.

짧고 허점도 분명했던 초급 단계와는 달리 후속 편인 이 책에는 조금 더 복잡한, 고급 단계의 추리 퀴즈들이 실려 있다. 증거는 덜 분명하며, 사건은 좀 더 복잡하다. 하지만 필요한 단서는 전부 나와 있으며 또한 여러분을 더 노력하게 만들기 위한 레드 헤링(red herring, 중요한 것에서 사람들의 주의를 딴 데로 돌리기 위한 것이나 혼란을 유도하기 위한 장치)도 들어 있다.

퀴즈를 풀기 전 이야기를 풀어나갈 우리의 탐정들을 소개하겠다. 명성 높은 이그네이셔스 '패딩턴' 파나키 경감, 추리광 메리 밀러와 건축가 올리버 제임스다. 이들이 각 이야기마다 등장해 여러분이 사건 뒤에 숨겨진 진실에 접근하도록 도울 것이다.

즐거운 추리가 되기를!

팀 데도풀로스

메리 밀러

조류협회 회원, 홍차 애호가로 고양이 오브리를 키운다.
미스터리에 엄청난 열정을 보이는 추리광.

올리버 제임스

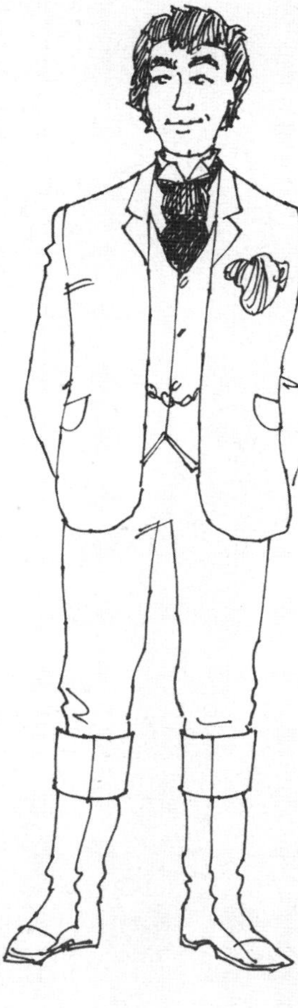

관찰력이 뛰어나며 사소한 것에서도 단서를 잘 찾아내는 건축가.
특기를 살려 친구들을 돕는다.

'패딩턴' 파나키 경감

사건 해결률이 높아 큰 명성을 얻고 있는 현직 경감.
사람들의 거짓말을 간파해내 범인을 잡는다.

– 이 책을 읽는 법 –

❶ 먼저 사건 이야기를 주의 깊게 읽는다.

❷ 특히 용의자들의 진술 중 상황에 맞지 않거나 사실이 아닌 것을 가려내기 위해 노력해야 한다.

❸ 다 읽었는데도 모르겠으면 힌트를 보고 다시 한 번 생각해본다. 명심하라, 레벨 2 힌트에는 당신을 속이기 위한 미끼도 들어 있다.

❹ 이 책에 나온 탐정이 범인인 경우는 없다.

중요한 것은 두뇌를 조금이라도 더 활용하도록 하는 것이다.
절대 해답을 먼저 읽어서는 안 된다.

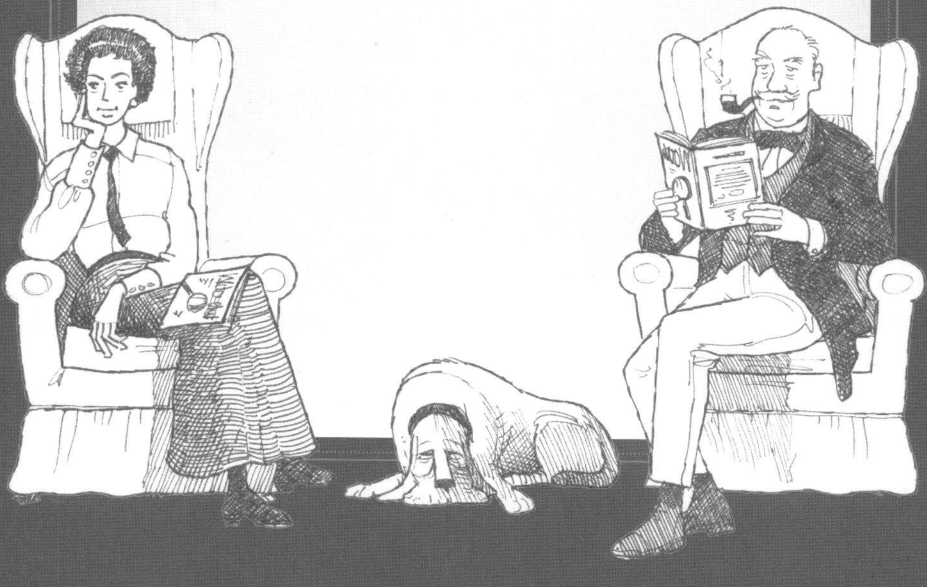

CONTENTS

LEVEL

2 추리 고수들을 위한 탐정 퀴즈

LEVEL

1

추리 고수들을 위한

탐정 퀴즈

Level 1은 중급 난이도의 추리 퀴즈다.

추리 지수를 높이고 싶다면

최대한 힌트를 보지 않고 범인을 맞혀보자.

1

금요일 밤 뒷골목 살인사건

Friday Night Special

칼 녹스가 금요일 밤에 죽었다. 근처에 있던 여러 증인들이 총성을 들었기에 사망 시각은 열 시 얼마 안 지나서로 추정되었다. 파나키 경감은 그 소식에 크게 놀라진 않았다. 잔챙이 범죄자인 칼 녹스는 비록 사형 선고를 피하긴 했지만 폭력 성향이 강했기에 명이 길 것 같진 않았다. 보아 하니 칼 녹스는 누구를 만날 약속이 있어 어딘가로 가던 중 같았다. 가슴 주머니에 든 쪽지는 비록 총알이 관통해 피로 엉망이 되긴 했지만 거기 쓰인 10:15라는 시간은 알아볼 수 있었다.

시신에서 빼낸 총알은 38구경이었고, 한 블록 떨어진 쓰레기통에서 경찰이 발견한 리볼버 권총에서 발사된 것으로 확인되었다. 말끔히 닦아내긴 했지만 뭔가 쓸모 있는 것이 나올까 해서 과학수사팀에 검사를 의뢰했다. 그사이, 세 명의 용의자가 심문 차 불려와 각각 다른 조사실에서 파나키 경감을 기다렸다.

로렌조 홀브룩은 지역 식당 경영자로 증명된 건 아니지만 폭력단과 연관이 있었다. 오십대였고 중간키에 땅딸막한 체격이었다. 부스스한 반백의 머리로도 계산 빠른 눈매는 감출 수 없었다.

파나키 경감은 자기소개를 하고 피해자 사진을 로렌조 홀브룩 앞에 내려놓았다.

"이 사람 아십니까?"

로렌조 홀브룩은 고개를 끄덕였다.

"네, 칼 녹스 맞죠? 가끔 저희 식당에 옵니다. 팁을 짜게 주죠."

"누구 녹스 씨를 해치고 싶어 할 만한 사람이 있을까요?"

"모르겠는데요. 칼 녹스가 잘되기를 바랄 만한 사람도 모르기는 마찬가지긴 하지만."

"어젯밤 살해당했습니다."

로렌조 홀브룩은 어깨를 으쓱했다.

"그래요? 안된 일이군요."

"어젯밤 열 시쯤 뭘 하고 계셨습니까?"

"설거지죠. 달리 뭐가 있겠습니까? 직원 세 명이 제 말을 확인해줄 겁니다. 누가 식당 뒤 골목을 달려가는 걸 보긴 했네요.

모자를 쓴 작고 다람쥐 같은 사람이요. 어두웠거든요. 그게 전부입니다, 경감님."

토비 블랙은 택시 기사로, 몇 년 전 무장 강도 혐의로 실형을 살고 나왔다.

"호출한 손님을 기다리고 있었는데 오질 않더라고요."

그가 설명했다.

"콜센터에서 확인해줄 겁니다. 제가 본 사람이 그 피해자가 맞을 겁니다. 좀 어슬렁거리더니, 시계를 확인하고 골목길로 들어갔죠. 제가 있던 곳에서 바로 길 건너였어요. 얼마 후, 묵직한 코트 차림의 키 큰 남자가 그 사람을 따라 들어갔어요. 제가 그걸 기억하는 이유가, 그 새로 온 사람이 달걀처럼 머리가 홀랑 벗겨졌거든요. 퓽 소리가 나더니 피해자가 그냥 쓰러집디다. 불쌍하게도 돌아볼 기회조차 없었죠. 그러고는 대머리 남자가 그를 지나쳐 골목 안쪽으로 달려가 버렸어요. 전 가서 도와주려 했습니다, 정말로요. 그런데 대머리 남자가 돌아와서 확인할까 겁이 났어요. 택시 운전하면서 배운 게 있다면 굳이 말썽을 자처할 필요는 없다는 거죠. 이 도시에선."

마지막 조사 대상자인 **제시 햄비**는 근처 바에서 일했다. 키가 크고 근육질에 짧은 머리를 한 그는 경찰 조사를 받게 된 것에 대한 불만을 감추지 않았다. 파나키 경감이 사진을 보여주자 제시 햄비는 말없이 고개를 저었다.

"확실합니까?"

파나키 경감이 물었다.

"확실하냐고요? 내참, 아뇨."

제시 햄비가 비웃었다.

"매주 사백 명씩 사람들을 보는데요."

"어젯밤 열 시쯤 뭘 하고 계셨습니까?"

"집으로 걸어가고 있었죠."

"뭐 특이한 일을 보거나 들으신 건 없고요?"

"하마터면 나한테 부딪힐 뻔한 땅딸막한 노인네하고, 골목길에 쓰러진 죽은 것 같은 사람을 본 것 말고요? 아뇨."

파나키 경감은 한숨을 내쉬었다.

"죽은 사람에 대해 하실 말씀 있습니까?"

제시 햄비는 사진을 툭 쳤다.

“사진은 이미 갖고 계시네요.”

“고맙습니다, 햄비 씨. 금방 돌아오겠습니다.”

파나키 경감은 일어나서 방을 나섰다.

밖에서 그는 조사실을 지키는 경관에게 말했다.

“아무도 못 가게 하게. 체포 영장을 마무리지어야 하니까.”

Hint 살인자는 누구이며 파나키 경감은 어떻게 알았을까?

→ 상처

토비 블랙이 살인자다. 증언할 때 토비 블랙은 살인자가 칼 녹스의 뒤에서 접근하여 쏘는 걸 봤다고 했다. 하지만 칼 녹스의 가슴 주머니에 있던 쪽지가 총알에 맞았으니, 칼 녹스는 앞에서 쏜 총에 맞은 게 분명하다. 토비 블랙은 경찰의 수사를 따돌리려 거짓말을 한 것이다.

2

내부자 절도사건

The Inside Job

"앤서니 롱이 곤경에 처했을 때 자네가 도와주었다고 들었어, 올리버. 지금부터 듣는 이야기에 대해 비밀 유지를 부탁해도 될까?"(《뇌가 섹시해지는 추리 퀴즈 : 1단계》 '도둑맞은 황금 조각상' 편 참고)

안경을 썼고 머리는 이른 탈모가 진행 중인 마른 체구의 **피터 스미슨**은 앤서니 롱의 친구였다. 올리버 제임스는 전에 한두 번 그를 만났고 제법 유쾌한 사람으로 기억하고 있었다.

"물론이지."

올리버 제임스의 말에 피터 스미슨은 손을 잡고 기운차게 흔들며 대꾸했다.

"고마워."

“이럴 것까진 없네. 어떻게 도와주면 될까?”

올리버 제임스가 살짝 손을 빼내며 말했다.

“누가 내 사무실 금고에서 거액의 돈과 장부를 훔쳐갔어. 그 밖엔 아무것도 건드리지 않았고. 운이 좋아서 도둑맞은 물건은 전부 찾아냈지. 건물 바깥쪽 방수포 아래 숨겨놨더라고. 아래층 월슨 사무실의 **애비**가 늦게 퇴근하다가 누가 무슨 꾸러미를 숨기는 걸 봤대. 수상쩍은 생각이 들어 살펴보러 갔고, 즉시 그게 뭔지 깨달은 거야. 애비가 아니었으면 난 완전히 망했을걸. 하지만 애비의 설명은 ‘키 큰 남자’였다는 게 전부라서….”

“아슬아슬하게 도망친 모양이군.”

“문제는, 내 직원들만 금고에 접근할 방법을 안다는 거야. 슬프지만 그중 한 명이 틀림없어. 난 이 일을 조용히 해결했으면 해. 요즘 상황도 여러 가지로 힘든 마당에 스캔들은 곤란하다고.”

올리버 제임스는 고개를 끄덕였다.

“알겠어, 도움이 되도록 애써보겠네. 직원들에 대해 얘기 좀 해주게.”

“세 명이야, **사이먼 서스턴**, **에이벨 페나** 그리고 **에멧 스털링**. 다들 비슷한 키고. 토요일을 이런 일로 보

내긴 그렇겠지만, 직접 직원들과 만나줄 수 있겠나? 직원들더러 집에 있으라고 말해놨네."

그래서 한 시간 반 후 올리버 제임스는 사이먼 서스턴과 인사를 나누게 되었다. 사이먼은 키가 큰 젊은이로 평범한 하숙집에 방을 얻어 살고 있었다.

"만나줘서 고맙네."

피터 스미슨이 입을 열었다.

"이쪽은 올리버 제임스로 내 친구야. 어제 저녁 퇴근 후 사무실에서 도난사건이 있었네. 혹시 자네가 뭔가 이상한 낌새를 눈치 챈 게 있을까 해서."

사이먼 서스턴은 고개를 숙였다.

"죄송합니다, 사장님. 어제는 제가 몸이 좋지 않아서 조금 일찍 퇴근했습니다. 제가 나올 땐 다 아무 일 없었습니다."

"집주인이 당신이 여기 있었다고 확답해줄 수 있을까요?"

올리버 제임스가 물었다. 사이먼 서스턴은 눈을 껌벅거렸다.

"어… 글쎄요. 잘 모르겠습니다. 아주머님은 저희들에게 그렇게 신경을 안 쓰셔서."

"알겠습니다. 지금은 그걸로 됐어요. 시간 내주셔서 고맙습니다."

에이벨 페나의 집은 많은 사람이 사는 아파트 단지였다. 그는 사이먼 서스턴보다 나이가 많았고, 아파트는 살짝 쇠락하고 있다는 기운이 돌았다. 피터 스미슨은 다시 올리버 제임스를 소개해주었고 사무실에서 도난사건이 있었다고 이야기한 후 어제 오후의 행적을 물었다. 에이벨 페나는 곰곰이 두 사람을 뜯어보았다.

"저는 정시에 퇴근하고 문을 잠갔습니다. 다른 사무실에는 아직 일하고 있는 사람들이 많았고요. 건물 밖에서 어슬렁거리는 사람은 없었고, 뭔가 이상한 건 전혀 보지 못했습니다. 공원을 거쳐 집까지 걸어왔고 조용한 저녁을 보냈지요."

올리버 제임스는 고개를 끄덕였다.

"나올 때 윌슨 사무실이 아직 열려 있는 것을 알아채셨습니까?"

"네, 그랬죠. 복도 창문으로 아직 자리에 앉아 있는 사람들이 몇 명 보이더라고요."

에이벨 페나는 잠시 입을 다물었다.

"혹시 내부자 소행이라고 보십니까?"

피터 스미슨은 아니라고 하려 들었으나 올리버 제임스가 제지했다.

"가능성이 있죠."

에이벨 페나는 고개를 끄덕였다.

"음, 사장님이 자리에 안 계실 때면 사이먼 서스턴이 슬쩍 미리 퇴근한다는 걸 말씀드려야겠군요. 별것 아니어 보이지만 상황을 고려하면….”

피터 스미슨의 얼굴이 굳었고 올리버 제임스는 그의 팔에 손을 얹었다.

“고맙네. 솔직히 말해줘서 고마워.”

피터 스미슨이 겨우 말했다.

“몇 가지 더 질문할 일이 있을지도 모르겠군요. 어쨌든 지금은 시간을 내주셔서 고맙습니다.”

피터 스미슨과 올리버 제임스는 에멧 스털링의 집으로 향했다. 그는 작지만 아늑한 집에 아내 **샬럿**과 함께 살았다. 피터 스미슨과 올리버 제임스는 거실에 부부와 함께 자리를 잡았고 다시 한 번 서로 소개를 했다.

소갯말이 끝나고 에멧 스털링이 잠시 생각에 잠겼다가 먼저 말을 꺼냈다.

“저는 드라이클리닝 찾을 것이 있어서 조금 일찍 사무실에서 나왔습니다. 평소 도착 시간쯤에 집에 왔고 저녁 내내 여기 아

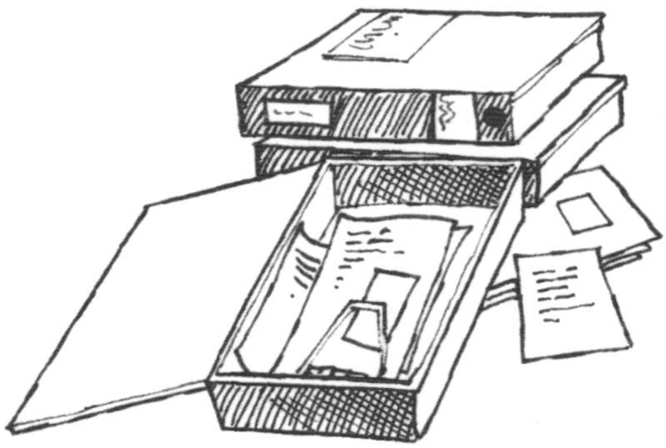

내와 함께 있었죠."

아내 샬럿이 고개를 끄덕였다. 에멧 스털링은 턱을 톡톡 두들겼다.

"사이먼 서스턴과는 얘기해보셨습니까? 약아빠져선 늘 슬금슬금 돌아다니고, 형편이 아주 절박해요. 만약 우리 중 누군가가 사장님 금고를 털었다면 그놈일걸요."

"왜 형편이 안 좋은지 혹시 아십니까?"

올리버 제임스가 물었다.

"도박을 하지 싶네요. 아마 어느 수상쩍은 사채업자에게 당장 갚아야 할 빚이 있겠죠."

"알겠습니다. 에이벨 페나는요?"

올리버 제임스가 물었다.

"조용한 사람이죠. 그럴 만한 부류 같진 않은데요."

"고맙습니다. 나중에 질문 몇 가지를 더 드리게 될지도 모르겠군요."

밖으로 나오자 올리버 제임스는 피터 스미슨을 돌아보았다.

"정말로 경찰을 부르지 않을 건가? 도둑이 누군지는 알았는데."

Hint 도둑은 누구이고, 올리버 제임스는 어떻게 알았을까?

→ 금고

에멧 스털링이 도둑이다. 피터 스미슨이나 올리버 제임스가 아무 정보도 주지 않았는데 그는 사무실 도난사건 이야기를 듣자 꼭 집어 금고가 털렸고 직원 세 명이 용의자인 것을 알았다. 그의 계획은 피터 스미슨을 망하게 한 다음, 훔친 장부와 돈으로 자기 사무실을 차려 피터 스미슨의 기존 고객들을 끌어오는 것이었다. 불행히도 에멧 스털링은 자기 결백을 주장하려는 열의가 너무 지나쳤다.

3

위험한 여자들

Deadly Rendezvous

다른 곳도 아닌 테이트 와인 바 한복판에서 벌어진 **앤젤라 보스 부인** 살인사건에 모든 신문 가십면이 들끓었다. '패딩턴' 파나키가 수사를 지휘한다는 사실을 신문사에서 알게 되자마자 그 소식도 곧장 신문 1면 기사가 되었다.

첫눈엔 그냥 별것 아닌 사건처럼 보였다. 보스 부인은 현장에서 친구 **엘리자베스 핸슨**과 **소피아 로젠탈**을 만났다. 보스 부인과 엘리자베스 핸슨은 가벼운 칵테일 와인 한 병을 나눠 마셨고, 소피아 로젠탈은 커피를 선택했다. 일행은 그 외엔 아무것도 먹지 않았다. 한 시간 반 후, 보스 부인이 죽었는데 명백히 독살로 보였다.

모든 것을 검사하는 사이, 파나키 경감은 면담을 진행했다.

세 여자들에게 서빙을 한 웨이터부터 시작했다.

마이클 존슨은 키가 크고 유쾌해 보이는 이십대 후반의 남자였다. 긴장한 기색이 역력했고 손바닥을 연신 셔츠자락에 문질렀다.

"보스 부인과 친구들을 담당했다고요."

파나키 경감이 말을 꺼냈다.

"네, 경감님."

마이클 존슨이 말했다. 그는 잠시 주저하다가 불쑥 물었다.

"전 감옥에 가나요?"

파나키 경감은 한쪽 눈썹을 치켜떴다.

"보스 부인을 살해했다고 자백하는 겁니까?"

"아뇨! 어, 그건, 아닙니다. 의도적으로 그런 건 아니에요. 하지만 제가 음료를 서빙했으니까요. 그러니… 그러니 제가 죽인 거죠."

파나키 경감은 그를 진정시키려 했다.

"혹시 그게 사실이라 해도 그냥

음료를 가져다 나른 것만으로는 아무 책임이 없습니다. 물론 그 음료에 독이 들었다는 걸 사전에 알았다면 모를까."

마이클 존슨은 안도감에 어깨를 늘어뜨렸다.

"어휴, 다행입니다. 그럼, 뭘 도와드리면 될까요?"

마이클 존슨이 눈가를 문지르며 말했다. 파나키 경감은 격려의 미소를 지었다.

"그 세 여자분들하고 잘 아는 사이라면서요?"

"네, 단골들이세요. 단골이었죠."

"무슨 일이 있었는지 말해주십시오."

"어, 제가 손님들의 코트와 스카프를 받아드리고, 늘 앉으시는 난로 옆 테이블로 안내했습니다. 로젠탈 부인께선 커피와 크림을 주문하셨고, 핸슨 부인은 보스 부인과 함께 드실 얼음 든 칵테일 와인 한 병을 주문하셨죠. 저는 주문을 바에 가져갔고, 다른 단골손님인 **티모시 부부**께서 저를 지명하셔서 맞으러 갔습니다. 제가 그분들 주문을 받았을 즈음엔 여자분들의 음료가 나왔고요. 저는 그걸 와인 잔 두 개와 함께 테이블에 가져다드렸습니다. 음료를 테이블에 놓고, 보스 부인과 핸슨 부인에게 술을 따라드린 다음 병을 두고 물러났습니다. 핸슨 부인은 목이 말랐는지 바로 드시더라고요. 로젠탈 부인께서 꿀을 좀 달라고 하셔서 가져다드렸지요. 그런 다음엔, 나중에….”

“나중?”

마이클 존슨은 초조히 침을 삼켰다.

“한 시간쯤 후였어요. 보스 부인이 불편해하며 일어나셨죠. 찬물을 달라고 하셨습니다. 제가 가져다드리기 전에 부인은 콜록콜록 기침을 터트리셨죠. 그러더니 쓰러져 경련을 일으켰고, 얼마 안 되어 돌아가셨습니다. 다른 두 친구분들은 제정신이 아니셨고요.”

“로젠탈 부인은 원래 평소에도 커피를 시킵니까?”

“보통 그러십니다. 술은 입에도 안 대세요, 최소한 제가 본 적은 없습니다.”

“알겠습니다. 그리고 바텐더는 지난달부터 테이트 와인 바에서 일하기 시작했고요?”

“어, 네, 그렇죠. 지금 두 주째입니다. 제가 데려올까요? 분명 여기 있을 겁니다.”

“아직은 아닙니다, 존슨 씨. 그리고 좀 이따 추가 질문을 드릴 수도 있으니 조금 더 기다려주십시오.”

파나키 경감이 근심에 빠진 웨이터를 두고 나오자 경관이 다가왔다.

“보고서입니다, 경감님. 방금 들어왔습니다.”

파나키 경감은 고개를 끄덕이고 서류를 받아들어 훑어보았다. 테이블 위에 있던 것은 사분의 일쯤 찬 칵테일 와인 병 하나, 반쯤 찬 와인 잔, 가득 찬 와인 잔, 빈 커피포트, 빈 크림 그릇, 삼분의 이쯤 찬 꿀 접시, 빈 커피잔으로 기록되어 있었다. 병과 와인 잔 두 개에 다 비소가 들어 있었다.

혼자 고개를 주억거리며 파나키 경감은 경관을 쳐다보았다.

"엘리자베스 핸슨에게 주목해야겠어. 데려오도록."

Hint 왜 파나키 경감은 엘리자베스 핸슨을 의심할까?

→ 갈증

독은 병 속 얼음 안에 들어 있었다. 처음부터 엘리자베스 핸슨에게 돈을 받은 바텐더는 조심스럽게 독을 가운데 넣고 얼린 얼음 조각을 만들었다. 그녀가 코트를 입는 계절에 맞지 않게 얼음이 든 음료를 주문하자, 바텐더는 독이 든 얼음을 썼다. 엘리자베스 핸슨은 얼음이 녹기 전 첫 잔을 마시고, 다시 잔을 채웠지만 마시지 않고 두었다. 그렇게 해 혹시 조사를 받게 되면 독이 든 음료를 나눠 마시지 않은 로젠탈 부인에게 혐의가 돌아가고, 자신은 운이 좋아 살아남은 것이라고 여겨지기를 바랐다.

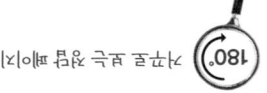

4

구두쇠의 최후

The Miser

공원을 가로질러 성큼성큼 걸어가며 파나키 경감은 파이프 담배를 깊이 빨았다. **카슨 마이어스**가 죽었지만 슬퍼하는 사람은 거의 없었다. 자기 집 거실 벽난로 옆에 있던 부지깽이에 목이 찔려 죽었는데 사망 시간은 오후 일곱 시에서 열한 시 사이로 보였다.

메이드는 아침식사 직전 피바다에 쓰러져 있는 카슨 마이어스를 보고 사람들에게 알렸다. 유감스럽게도 파나키 경감이 미처 제지하기도 전에 메이드는 물어보는 사람들에게 흉기가 부지깽이라고 죄다 말해버렸다. 여섯 명의 사람들에게 늙은 구두쇠가 죽기를 바랄 동기가 있었고, 그럴 기회도 있었지만 어설프게나마 그럴싸한 알리바이가 있었다. 파나키 경감이 그 여섯 명을 전부 심문했으나 용의자를 알아내는 데는 전혀 도움이 되지 않았다.

자존심 높은 파나키 경감은 사건이 꼬이자 심기가 몹시 불편해졌다. 파이프를 빼끔거리며 그는 면담 결과를 다시 떠올려보았다.

마이클 나이트는 목재 도매상으로, 카슨 마이어스의 채권자 중에서 가장 빚 독촉을 심하게 한 사람이었다. 두 사람은 몇 년 동안 동업을 했으나 카슨 마이어스가 마이클 나이트에게 상당한 거금을 빚지게 되었다. 마이클 나이트의 말에 따르면 카슨 마이어스는 계속해서 빚 상환을 미뤄왔다고 한다.

"누가 죽였다 해도 놀랍지 않습니다."

마이클 나이트가 말했다.

"정말 짜증나는 작자니까요. 그래도 전 아닙니다. 저녁 내내 아내와 집에 있었어요. 게다가 그의 유산에서는 돈을 받아낼 가망이 없습니다. 카슨 마이어스가 죽어도 제겐 아무런 이득이 없다고요. 불행히도 카슨 마이어스는 제게 회사를 통해서가 아니라 개인적으로 돈을 빌려갔거든요."

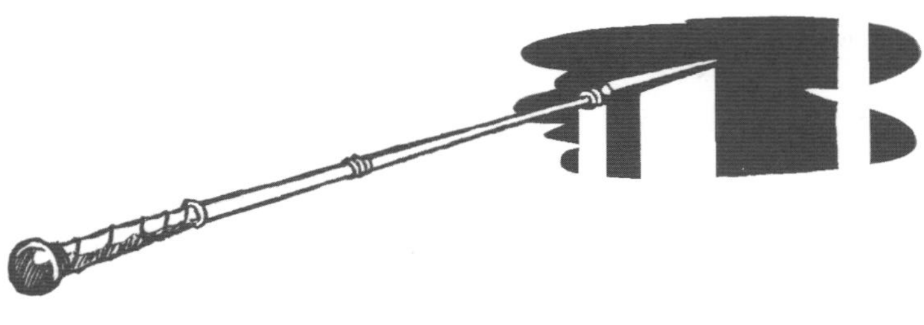

수잔 휴고는 카슨 마이어스와 연을 끊은 지 오래된 외동딸이었다. 그녀는 경제적으로 어려운 상황에 처해 있었으며, 아버지가 무엇을 남기든 주요 수혜자가 되리라 바랐을 가능성이 있었다.

"슬픔을 느낄 수 있다면 좋겠어요."

수잔 휴고가 말했다.

"아버지가 죽었다면 슬퍼야 할 테죠. 하지만 솔직히 그분은 저나 어머니에게 한 번도 상냥히 대해주신 적이 없어요. 십오 년 전 어머니가 돌아가신 이후로 아버지와 단둘이 있어본 적이 없네요. 하지만 부지깽이로 살해당하다니 참 끔찍한 일이에요. 그 점은 조금 슬픈 것 같네요. 제 남편 **폴**이 지금 아파요. 전 남편을 간호하고 있었고요. 물어보셔야 하는 점은 이해합니다. 남편이 제 알리바이를 확인해줄 거예요."

카슨 마이어스의 회사 관리자 중 한 명인 **이안 고다드**는 면담 때 노골적으로 솔직했다.

"그 늙은 개자식이 죽었다니 이렇게 기쁠 수가 없군요. 겁쟁이에, 사람을 괴롭히고, 수전노에다가 제 인생을 얼마나 힘들게 했는지 모릅니다. 어쩌면 이제 회사를 탄탄하게 되돌릴 기회가 생길지도 모르겠군요. 제 손으로 죽여버릴까 하는 생각도 여러 번 해봤습니다. 하지만 그럴 가치가 없어요. 저는 어젯밤 친구들 세 명하고 카드 게임을 했습니다. 원하신다면 무슨 패가 나오고 어떻게 진행되었는지도 알려드릴 수 있어요."

에반 패터슨은 회사의 다른 관리자였다. 그는 희생자에 대해 원망보다는 좀 더 담담한 감정을 가진 듯했다.

"그 양반이 죽었다고 생각하기가 힘들군요, 하물며 찔려 죽었다니. 참 존재감이 대단한 분이었어요. 그냥 방에 들어오기만 해도 공기가 훅 사라지는 느낌이었죠. 죽은 사람은 나쁘게 말하는 게 아니라지만 아쉽진 않을 겁니다. 회사도 그가 없다 한들 어려울 점이 없고요. 그래도 애석함을 표하는 성명을 발표하고 공식적으로 애도하는 날을 가져야겠죠. 참, 전 어제 동생과 저녁을 먹었습니다."

엠마 모스는 카슨 마이어스의 가정부였다. 그녀와의 면담은 짧게 끝났다.

"돌아가셨다고 들었어요."

당일 저녁 행방을 묻자 그녀는 마지못해 덧붙였다.

"집에요, 당연히 가족과 함께 있었죠."

제롤드 스탠튼은 카슨 마이어스의 집사였다.

"마이어스 씨 같은 고용주는 처음입니다. 세상에, 참 엉망인 분이었죠. 육 년 전에 그분이 어떤 사람인지 파악하자마자 그만두려 했습니다. 그랬다가는 저를 절도죄로 고발하고 판사를 매수해서 감옥에 보내겠다더군요. 다시는 그만두겠다는 말도 못 꺼냈습니다. 힘들었지만 고분고분 머리 숙이고 하라는 대로 했지요. 이제 제 인생의 새로운 장이 시작될 때군요. 저는 지난밤 술집에서 맥주 한두 잔을 하고 있었습니다."

파나키 경감은 공원에서 갑자기 우뚝 멈춰 섰다.

"내가 멍청했군."

파나키 경감은 다시 한 번 큰 소리로 말했다

"멍청하게!"

그는 곧장 돌아서서 경찰서로 바삐 돌아갔다.

Hint 살인자는 누구이고 파나키 경감은 어떻게 알았을까?

→ 부지깽이

메이드는 카슨 마이어스가 부지깽이로 살해당했다는 말은 하고 다녔지만, 보통 부지깽이는 둔기로 사용된다. 에반 패터슨은 카슨 마이어스가 찔려 죽었다는 걸 알고 있었다. 그가 그런 상세한 사항까지 알 방법은 범행을 저지른 장본인일 경우뿐이다.

5

장례식에 간 탐정

Victor's Funeral

전반적인 상황을 고려한다면 **빅터 이바노바**의 장례식은 성공적인 편이었다. 추모식은 적절하게 감동적이었고, 공원묘지에서의 매장도 아무 탈 없이 진행되었으며, 이후 추모 모임에서 고인에 대해 좋게 말해줄 사람까지 몇 명 찾아놓았다. 그의 악마 같은 성질과 손버릇은 '화끈한 성품'으로 포장되었다. 보아하니 총을 맞으면 사람들의 관용을 어느 정도는 얻게 되는 모양이었다.

장례식 후 추모 모임에서 메리 밀러는 홍차와 예쁘게 테두리를 자른 작은 샌드위치를 먹고 한 바퀴 돌아보려 나섰다. 경찰은 아직 빅터 이바노바의 죽음이 자살인지 타살인지 결론을 내리지 못했지만, 문상객들은 다들 별 의심을 갖지 않는 듯했다.

"당연히 살해당한 거죠!"

겨우 스무 살인 **카일리 윌리엄스**는 아직 쉽게 들뜨는 나이였고 굉장히 흥미진진해하는 듯했다. 그녀의 남자친구 **유진**은 빅터 이바노바의 아들이었다.

"죽은 사람은 나쁘게 말하는 게 아니라지만, 불쌍한 유진은 자기 아버지 성미 때문에 끔찍하게 고생했어요. 하지만 다른 사람들도 마찬가지죠. 이바노바 씨 같은 사람이 자살할 리가 없어요. 그럴 자의식이 없는걸요. 그냥 영원토록 살아남아서 늙고 더 고약해질 뿐이죠. 정원사 짓일 거예요. 유진의 아버지가 진짜로 채찍질까지 했거든요. 상상이 가세요? 정원사에게 채찍질을 한다는 게? 오싹하더라고요."

챈스 홉스는 오랜 세월 가족과 알아온 지인이었다.

"빅터는 늘 힘든 사람이었죠. 해가 갈수록 더했어요. 도대체 무슨 울화가 쌓인 건지 절대 모를 일이지만, 분노와 좌절감이 커져가는 것 같더라고요. 사십대면, 솔직히 대다수 사람들이 예상한 만큼은 살았지 싶습니다. 진상이 무엇인지 과연 알게 될지 의심스러워요. 목격자라고는 옆방에 있던 그의 고모할머니뿐인데, 귀가 먹은 거나 다름없어 아무것도 듣지 못했답니다."

마침내 밀러 양은 빅터의 고모할머니 **애거서**를 양지 바른 구석에서 찾아냈다. 그녀는 활기 넘치는 눈을 한 정정해 보이는 팔십대로, 커다란 나팔 모양의 보청기를 갖고 있었다.

"안녕하세요. 전 메리 밀러예요."

밀러 양은 애거서와 한 테이블에 앉으며 말했다.

노부인은 한 손가락을 들어 보이더니, 힘겹게 나팔형 보청기 끝을 자기 귀에 대고 다른 쪽을 밀러 양의 입에 바짝 가져다댔다.

"뭐라고 했수?"

그녀의 목소리는 놀랄 만큼 또렷했다.

"안녕하시냐고요, 그리고 제 이름은 메리 밀러라고 말씀드렸어요."

"애거서 이바노바라오. 만나서 반갑구먼. 내 조카손자하고 아는 사이요?"

"사교상으로만요."

밀러 양이 대답했다.

"아, 그게 제일 낫지. 불쌍한 사람, 그의 안에는 악마가 있었다오, 알겠지만."

애거서는 잠시 입을 다물었다.

"비유하자면 말이오, 마귀가 들렸다는 뜻이 아니라. 난 아직 노망이 들진 않았거든. 빅터는 만사가 제 뜻대로 돌아가면 제법 서글서글하기도 했지. 하지만 뜻을 거스르면 참질 못했어. 하기야 그 아버지인 내 조카도 생전에 폭군이었다오. 그런 폭력과 경멸을 아들에게 쏟아 붓다니 참 어리석어."

"유진은 상당히 선량해 보이던데요."

밀러 양이 말했다.

"그래, 맞아. 어머니가 그 애를 감싸왔지, 말 그대로. 빅터의 폭력성은 당하는 쪽이 각오만 되어 있다면 방향을 돌리기 쉬운 편이었거든. 참 강건한 여자라오."

장례식에서 본 **브라이어니 이바노바**의 굳건하고 차분한 모습을 떠올리고 밀러 양은 동의할 수밖에 없었다. 미망인은 지금 방 한가운데에서 여러 명의 조문객들과 이야기를 나누고 있었다. 그때 방 저쪽 편에서 갑자기 분노의 고함 소리가 터져나왔다. 애거서와 밀러 양은 함께 돌아보았다. 햇

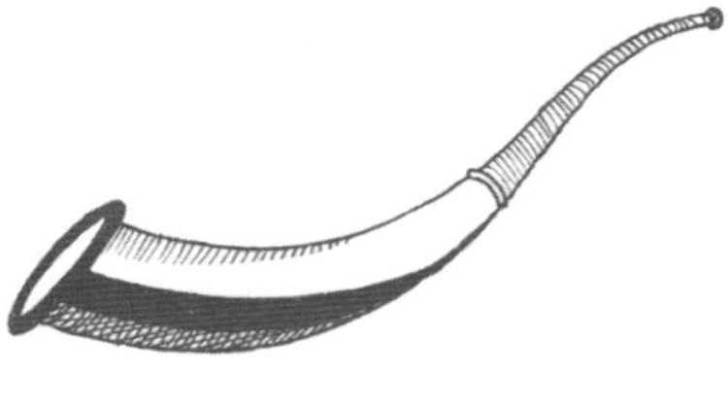

별에 거칠어진 외모의 한 남자를 다른 사람들이 진정시키고 있었다.

"빅터의 정원사라오."

애거서가 말했다.

"성낼 일이 많지."

"저 사람이 살인자일지도 모른다고 생각하세요?"

애거서는 그 말에 눈썹을 치켜 올렸다가 큭큭거리며 웃었다.

"그럴 수도 있겠지. 나한테는 물어봐야 아무 소용없다오."

"옆방에 계셨다고요."

밀러 양이 물었다.

"그랬지, 하지만 책을 읽고 있었거든. 누가 문 앞을 지나갔는지 몰라도 나는 못 봤다오."

"그럼 말다툼 소리 같은 건 못 들으셨어요?"

"총소리가 났다 해도 모르지. 세상이 무너진다 해도 이걸 내 귀에 대지 않는 이상은 난 아무것도 못 들을 거요."

그녀는 손으로 나팔형 보청기를 토닥였다.

"네, 그렇겠지요. 하지만 짚이는 데는 있으시겠지요."

애거서는 고개를 끄덕였다.

"솔직히 난 빅터가 자살하지 않았나 생각한다오. 잠시 바른 정신이 들어서 아들을 망치지 않으려면 자기 삶을 끝내는 길밖에 없다는 걸 깨달았다고 생각하고 싶어요. 진짜로 아버지 노릇을 한 거지."

그녀는 한숨을 쉬었다.

"유진한테 이 일을 이겨나갈 수 있게 도와줄 여자친구 윌리엄스 양이 있어 다행이야. 윌리엄스 양은 유진의 어머니를 떠올리게 하는 면이 있다오. 상냥하고 똑똑하고 심지가 굳어요. 댁도 그런 타입을 알겠지."

그녀는 밀러 양에게 다 안다는 표정을 지어 보였다.

밀러 양은 공손하게 미소 지으며 생각했다.

'세상에, 누굴 감싸고 있는 건가요, 애거서?'

Hint 메리 밀러는 노부인의 거짓말을 어떻게 알았을까?

→ 정원사

애거서는 귀가 먹어 사건이 벌어진 줄 전혀 몰랐다고 했으나, 정원사가 고함을 쳤을 때 밀러 양과 동시에 반응했다. 붐비는 연회장에서 고함 소리를 들을 수 있었다면 당연히 옆방에서 난 총소리도 들을 수 있었을 것이고, 그전에 있었을 말다툼도 들었을 가능성이 높다.

6

약혼자의 비밀

Funny Business

올리버 제임스는 이탈리아 르네상스 건축 수업에서 **로리 헤이스**를 알게 되었고 그 이후 절친한 친구로 지내왔기에, 로리 헤이스가 어느 날 오후 자신을 초대한 일에 전혀 이상함을 느끼지 않았다. 그런데 좀 특이하게 로리 헤이스는 올리버 제임스에게 주의를 기울여달라고, 그의 말을 빌리자면 '이상한 일이 없나 살펴달라'고 했다.

올리버 제임스가 로리 헤이스와 그의 약혼녀 **사브리나 퍼먼**과 함께 한동안 잡담을 나누고 있을 때 현관 벨이 울렸다.

"아, 왔군."

로리 헤이스가 말하고 현관으로 향했다. 몇 분 후 키가 크고 당당한 이십대 중반의 남자와 함께 돌아왔다.

"키어, 내 약혼녀 사브리나 퍼먼을 소개할게. 그리고 이쪽은 대학 친구 올리버 제임스, 이탈리아 북동부 르네상스 건축 디자인 수업에서 처음 만났지. 올리버, 이쪽은 **키어 존스**야. 같이 일한 지 육 개월쯤 되었어. 기술 쪽으로 완전 천재야. 거의 마법사 같다니까."

"로리가 참 상냥하죠."

키어 존스가 말했다.

"두 분 다 만나서 반갑습니다."

사브리나 퍼먼이 미소 지었다.

"여름에 사무실에서 잠깐 만났던 걸로 기억하는데요, 존스 씨. 로리가 크라운 개발 모형을 보여줬죠."

"아, 네, 그랬었나요. 죄송합니다. 제가 정신이 없었어요."

"필요한 석판 분량 때문에 여러 모로 안달하느라 그랬지, 내 기억으론."

로리 헤이스가 말했다. 웃음을 터트리며 키어 존스가 고개를 끄덕였다.

"정말 끔찍이도 엄청난 양이 필요했는데 어디서 구해야 할지 난감했지. 제임스 씨도 건축가이신가요?"

"올리버라고 불러요. 그리고 네, 대체로는요. 현재로선 아버지 회사의 디자인 일은 다 제가 맡고 있지만, 아버지가 다른 일까지 같이 떠맡기려 드셔서."

"커피 가져올게요."

사브리나 퍼먼이 말하고 우아하게 일어나 방을 나섰다.

"그 상황 이해합니다."

키어 존스가 올리버 제임스에게 말했다.

"우리 아버지하고 저도 의견이 딱 맞지 않거든요. 아버지는 이제쯤이면 제가 결혼해서 손자들을 낳아주어야 한다고 여기십니다. 도무지 뭐가 그리 급한지."

"부모님은 우리를 괴롭히려 존재하시는 분들이야."

로리 헤이스가 말했다.

"자식들을 창피하게 만드는 시기가 지나가면 말이지. 우리 아버지는 한 번은 내가 집에 두고 온 장난감 오리를 들고 학교에 나타나셨어. 분명 의도적이지. 그 빌어먹을 것을 높이 치켜들고 꽥꽥 소리를 내며 태연하게 교실로 성큼성큼 들어오시지 뭐야. 꽥꽥거리며 곧장 내 자리로 다가와서는, 기사 작위를 내리는 왕처럼 아주 진지하게 나한테 그 오리를 하사하셨어. 그러고는 빙글 돌아서 다시 성큼성큼 나가셨지. 난 일곱 살이었어. 상상할 수 있겠지만, 학교 친구들이 그 한 해 동안 내내 나한테 꽥꽥거리고 놀려댔어."

"네가 그렇게 자란 것도 당연하네."

사브리나 퍼먼이 쟁반을 들고 들어오면서 말했다.

"미친 사람으로."

"난 미친 놈 아니야."

로리 헤이스가 짐짓 격분한 척하며 말했다.

"사람들이 오해하는 거라고."

올리버 제임스는 그의 어깨를 두들겼다.

"사브리나는 너를 상당히 잘 이해하는 것 같은데."

사브리나 퍼먼은 활짝 웃으며 말했다.

"올리버, 커피 어떻게 드신댔죠?"

"그냥 크림만요, 고맙습니다."

"그래요."

그녀는 올리버 제임스에게 커피를 따라 건네주고, 다른 두 명에게도 각자 잔을 건넸다.

"그렇다고 생각했는데 혹시 모르니 신경 써야죠."

"누가 우리 아버지에게도 미리미리 그런 말 좀 해줬으면 좋았을 텐데."

로리 헤이스가 말했다.

"난 아직까지도 오리 곁에 가질 못하겠어."

"그래서 불편한 일이라도 있어?"

키어 존스가 궁금해하는 얼굴로 로리 헤이스를 쳐다보았다.

"아니, 전혀. 사실 오리 키우는 사람들하고 어울릴 일이 없으니. 하지만 혹시 모르잖아."

"내가 도울 수 있겠네. 청둥오리 키우는 사람을 알거든. 너하고 같은 방에 넣어놓을 수 있게 오리 몇 마리쯤은 흔쾌히 빌려줄걸."

올리버 제임스의 말에 로리 헤이스가 신음 소리를 냈다.

"으윽. 올리버, 너마저도?"

화기애애한 몇 시간이 지나고 로리 헤이스는 올리버 제임스를 배웅하기 위해 문까지 따라 나왔다.

"그래서…."

그가 말을 꺼냈다.

"내가 맞혀볼게."

올리버 제임스는 조용히 말했다.

"넌 사브리나와 키어가 너 몰래 눈이 맞은 건 아닌가 우려하는 거지?"

로리 헤이스는 갑자기 처량한 얼굴이 되어 고개를 살짝 끄덕였다.

"음, 도움이 될는지 모르겠다만, 둘이 널 두고 그랬다면 정말 놀랄 일이야. 둘 다 널 진심으로 좋아하는 것 같아 보이거든. 하지만… 이게 정말 별일 아닌 경우일 수도 있다는 건 우선 말해 두겠는데 사브리나는 키어와 잘 아는 사이면서 아닌 척하고 있긴 해."

Hint 올리버 제임스는 왜 그런 결론에 도달했을까?

→ 에티켓

사브리나 퍼먼은 약혼자인 로리 헤이스가 커피를 어떻게 마시는지는 당연히 알고 있었다. 그런데 올리버 제임스에게는 어떻게 해줄지 물어보면서 키어 존스에게는 묻지 않았다. 사브리나 퍼먼이 키어 존스의 커피 취향을 이미 알고 있었던 게 분명하고, 이는 키어 존스와 더 친숙한 사이임을 암시한다. 사실 그녀와 키어 존스는 사무실에서 처음 인사를 나눈 이래 자주 만나기 시작했다. 바로 로리 헤이스의 다가오는 스물다섯 살 생일에 요란한 깜짝파티를 해주려고 그 준비 차 말이다.

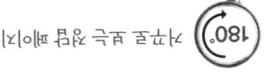

7

결혼식 날 살해된 신랑

The Bridegroom

결혼식 당일에 살해당하는 건 참 안된 일이라고 파나키 경감은 생각했다. 결혼식에 딱 알맞은 화창한 오월 주말, 피해자 **조셉 맥닐**은 식 당일 아침 머리를 둔기에 맞아 죽었다. 옷을 다 차려입고, 단춧구멍에 갓 꺾은 핑크색 장미도 꽂고 자기 방에 있는 의자에 앉은 채로 죽어 있는 신랑의 시체가 발견되었다. 유일하게 눈에 띄는 싸움의 흔적은 문 근처 벽에 남은 핏자국뿐이었다. 살인 흉기는 보이지 않았다.

조셉 맥닐과 친한 친구들인 들러리와 안내 담당들은 미리 전날 밤 엠파이어 호텔에 투숙했다. 그들은 어젯밤 모여 술자리를 갖기는 했지만 아무도 과음하지 않고 오늘을 위해 일찍 자리를 정리하고 각자의 방으로 돌아갔다.

호텔 지배인은 기꺼이 파나키 경감 일행에게 관계자 면담을 할 방을 내주었다. 신부와 신부 측 사람들은 엠파이어 호텔에서 교회를 사이에 두고 저쪽 편에 있는 그랜드 호텔에 묵고 있었다. 그들도 엠파이어 호텔로 와 파나키 경감과 면담할 차례를 기다렸다.

"신랑 측 사람부터 시작하지."

파나키 경감은 새로 승진한 **라울 베네가스**라는 이름의 형사에게 말했다.

라울 베네가스는 고개를 끄덕였다.

“신랑 들러리는 **키스 밀턴**입니다. 불러오겠습니다.”

키스 밀턴은 이십대 중반의 호감 가는 인상의 남자였다. 아직도 결혼식 참석 차림으로, 짙은 정장에 은색 조끼와 넥타이, 빳빳한 흰 셔츠를 입고 있었다. 얼굴은 매우 창백했고 좀 넋이 나간 듯했다. 파나키 경감은 부드럽게 그를 맞은 다음, 아침에 있었던 일을 물었다.

“조셉이 죽었다면서요. 무슨 영문인지 모르겠습니다.”

“혹시 신랑에게 원한을 품은 사람이 있었습니까?”

파나키 경감이 물었다.

“당연히 아니죠. 너무 멜로드라마적인 단어네요. 무슨 원한씩이나 있겠습니까.”

“그럼 라이벌은요? 누구 조셉에게 화가 난 사람은 없나요?”

키스 밀턴은 고개를 저었다.

“아뇨. 그랬으면 저한테 말했을 겁니다.”

그는 몸서리를 쳤다.

“아마 있긴 하겠죠. 하지만 전 아는 바가 없습니다. 조셉은 보험 관련 일을 하는 회계사였어요. 살인에 얽힐 만한 타입은 아니었죠.”

“오늘 아침 일정은 어땠습니까?”

"모두 아침 일곱 시 삼십 분 정각에 아침식사를 하러 모였습니다. 조셉, **파커**, **게이지**하고 저요. 어젯밤 몇 잔 해서 몇 명이 머리가 아프긴 했지만 심각한 건 아니었고요. 여덟 시 십오 분 경에 준비를 시작하러 각자 방으로 올라갔습니다. 열 시 정각에 정한 대로 게이지와 파커를 아래층에서 만났는데, 조셉은 안 오더라고요. 게이지가 열 시 십오 분에 확인하러 올라갔더니… 시체를 발견한 거죠."

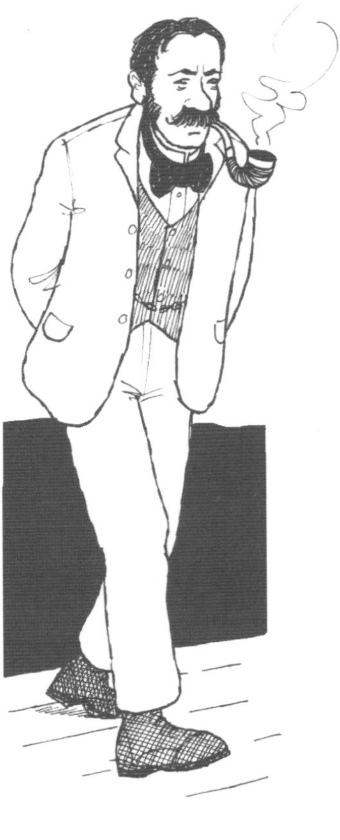

"여덟 시 십오 분에서 열 시 정각까지 방에 계셨습니까?"

"그럼요, 하지만 증명할 방법이 없군요. 다들 독방을 썼어요. 저는 여덟 시 사십오 분 쯤에 얼음을 가지러 나오긴 했지만, 아무도 못 봤고 친구들한테 가지도 않았습니다."

"지금은 이걸로 됐습니다. 고맙습니다, 밀턴 씨."

다음 사람은 신부 **킴벌리**의 남동생인 파커 뉴먼이었다. 그는 키가 크고 마른 체격에 짙은 눈을 한 젊은이로, 역시 정장 차림이었다. 키스 밀턴

만큼이나 창백하고 충격을 받은 듯한 표정이었다.

"우리는 아침을 먹으러 일찌감치 식당에서 만났어요. 전 두통이 좀 있긴 했지만, 분위기는 좋았죠. 그랬는데 조셉이 열 시에 내려오질 않았고요. 결국 게이지가 살펴보러 갔죠."

파커 뉴먼은 무거운 한숨을 내쉬었다.

"킴벌리 누나는 완전히 절망할 거예요. 우리 모두 다 충격이 큽니다."

그는 무심결에 오른손 검지에 난 핏자국을 문지르다가, 파나키 경감의 궁금해하는 눈길을 알아챘다.

"넥타이핀을 꽂다가 찔렸어요."

"누구 조셉을 해치고 싶어 할 만한 사람 아십니까?"

파커 뉴먼은 잠시 생각해보았다.

"아뇨. 누가 조셉을 죽이고 싶어 하리라고는 상상도 할 수 없네요. 조셉은 갑부가 아니었고, 못된 놈이나 사기꾼도 아니었어요. 그냥 사람 좋고 재미있고, 누나가 세상 누구보다 사랑한 사람이죠."

"아침식사 이후로 오전 열 시까지 어디에 계셨습니까?"

파나키 경감이 물었다.

"제 방에요. 여유 있게 공들여 옷을 입으면서요. 어, 숙취 상태다 보니 공을 들인다고 해봤자 한계가 있었지만요."

게이지 오스본은 신랑 조셉 맥닐, 키스 밀턴과 고등학교 때부터 친구였다. 건장한 체구에 다른 남자들처럼 정장과 셔츠, 넥타이 차림이었다. 안색이 어디 아픈 사람 같았다.

"아침을 먹고, 씻고, 차려입은 다음 조셉을 발견했어요."

게이지 오스본이 머뭇거리며 말했다.

"그냥 거기 앉아서 침대를 바라보고 있었지만 이미 죽었다는 걸 금방 알았죠. 몸만 남아 있었어요. 조셉의 영혼은 세상을 떠났죠. 그다음 아래층으로 내려갔더니 친구들이 다들 내 손을 보고 난리가 났는데 어떻게 말해야 할지 모르겠더군요."

그는 자신의 왼손을 내려다보았다. 손마디가 멍들고 부어 있었다.

"제가 뭘 쳤나 봅니다. 아프진 않아요. 지금 당장은 아무것도 느껴지지 않네요."

파나키 경감은 라울 베네가스 형사가 메모하는 모습을 잠시 지켜보았다.

"조셉을 해치고 싶어 할 만한 사람을 아십니까?"

"고등학교 시절에 여학생 아버지들이 자주 화를 내긴 하셨죠. 조셉은 여자를 꼬드기는 재주가 있었거든요. 하지만 킴벌리와 사귀면서 완전히 바뀌었어요. 일 년 반 전 첫 번째 데이트 이후로 한눈 판 적이 없어요."

"여덟 시 십오 분에서 열 시 사이에 방을 나온 적 있으십니까?"

게이지 오스본은 천천히 고개를 저었다.

"아니요."

"고맙습니다. 나중에 혹시 추가 질문을 드릴 수도 있습니다."

게이지 오스본이 방을 나간 다음 라울 베네가스 형사가 말했다.

"시간 낭비였군요."

"전혀 아니야. 수사를 시작할 용의자를 확보했는걸."

Hint 파나키 경감이 의심하는 사람은 누구이고, 이유는 무엇일까?

→ 정장

용의자는 신부 킴벌리 뉴먼의 남동생 파커 뉴먼이다. 살인 현장에 2차 증거가 없고 시체의 자세를 보면 살인자가 시간을 들여 증거를 치웠음을 알 수 있다. 그렇다면 벽에 남은 핏자국, 게이지 오스본이 친구의 죽음에 충격을 받아 남긴 자국은 살인과 무관하다. 파커 뉴먼이 왼손잡이가 아닌 한 넥타이핀을 꽂다가 오른손을 찌를 일은 거의 없고, 분명 그럴 수도 있긴 하지만 인구의 90퍼센트는 오른손잡이다. 그러나 파커 뉴먼이 시체를 의자에 앉혔다면, 맥닐의 옷깃에 꽂혀 있던 장미 가시에 손을 찔릴 법했다. 수사 결과, 파커 뉴먼은 조셉 맥닐이 바람둥이였다는 것을 알고 그날 아침 신랑에게 누나를 두고 결코 바람피울 생각은 말라고 경고하러 갔었다. 둘은 말다툼을 벌였고, 파커 뉴먼이 조셉 맥닐을 떠밀어 조셉 맥닐이 비틀거리다 넘어져 단단한 창틀 구석에 뒤통수를 부딪치고 말았다. 조셉 맥닐이 죽자 당황한 파커 뉴먼은 진상을 감추기 위해 시체를 의자 위에 앉히고 최대한 현장을 치웠다.

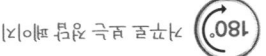

8 사라진 유산

The Missing Valuables

“집 안 꼴이 엉망이라 민망하네.”

마릴린 헌트는 손을 휘둘러 보였다.

“지금 공사 중인데, 인부들이 공사하는 구역에만 있을 줄 알았더니 사방을 어지럽히는 재주가 있는 모양이야.”

서재는 확실히 엉망이었다. 책장 몇 개는 벽에서 떨어져 중간에 세워져 있고, 책들은 바닥에 아무렇게나 쌓여 있었다.

메리 밀러는 마릴린 헌트에게 미소 지었다.

“신경 쓸 것 없어. 이런 일이 어떤지 알아.”

“그냥 너무 정신이 없네. 어제 오후에는 부엌 전기가 나갔지 뭐야. 난리가 났어. **요리사 딕슨 부인**은 제정신이 아니었고 그 전날 밤에는 동편 전체, 오두막, 손님 별채가 거의 한 시간가량 정전이었다니까. 또 그 전날에는 무도회실에 닭 냄새가 나는 고약한 보라색 연기가 자욱하더니 빠지질 않는 거야."

"도대체 무슨 공사를 하는데?"

"집 기반 강화. 거의 내내 지하실에서 성난 드러머마냥 두들겨대고 있지만, 여러 군데 문제가 있다 보니 온 집 안을 다 돌아다녀. 도난사건이 아니어도 미칠 지경이야."

밀러 양은 차를 한 모금 홀짝였다.

"그 얘기 좀 해줘, 마릴린."

"돌아가신 우리 어머니의 오래된 패물이 들어 있는 장신구함

이야. 어머니 생각이 나서 가끔 거기서 장신구를 꺼내 쓰거든. 장신구함은 내 옷방에 있었어. 절대 옮기는 일 없고. 그런데 그 젯밤 자려고 준비할 때 보니 없어진 거야. 저녁식사 후에 봤던 건 기억나니까, 여덟 시에서 열 시 사이에 도둑맞은 게 분명해."

"집에 누구누구 있었어?"

"당연히 **도널드**가 있었지만 남편은 제외해도 될 거 같아. 남편이 좀 별나긴 해도 그렇게까지 별난 건 아니니까. 수요일이었지. 흠, 공사 인부들은 전부 가고 없었어. 요리사 딕슨 부인도. **집사 베일리**와 새로 온 **메이드 에드나**는 둘 다 있었을 거야. 도널드의 조카 **엘리스**가 여기서 지내고 있긴 한데 늦게까지 외출하고 없었어."

"그 사람들과 얘기 좀 해봐야겠네. 혹시 누가 뭔가 알아챘을지도 모르잖아?"

"아, 그래 줄래?"

마릴린 헌트가 미소 지었다.

"네가 그런 일에 감이 뛰어난 거 알지."

집사 베일리는 엄격해 보이는 중간키의 남자였다. 사십대 후반으로 보였지만 자세가 아주 곧았다. 마릴린과 도널드 부부의 집에서 일한 지 여러 해 되었고, 밀러 양을 수십 번 만났지만 여전히 마치 초면인 양 직업적인 거리를 지켰다.

"안녕하세요, 베일리."

마릴린 헌트가 집사를 들어오게 하자 밀러 양이 말했다.

“마님.”

그는 인사에 대한 대답 없이 그렇게만 말했다.

“혹시 수요일 저녁식사 후에 뭔가 이상한 일 없었나요?”

베일리의 시선이 잠시 흔들렸다. 밀러 양이 본 중에 제일 놀란 모습이었다. 잠깐 정적이 흘렀다.

“이상한 일이라고 하셨습니까?”

“누가 살금살금 돌아다닌다거나, 창문이 열려 있었다거나, 그런 일이요.”

“아뇨, 없었습니다.”

"그때 어디에 있었나요?"

"제 작업실에 있었습니다."

그가 뻣뻣하게 말했다.

"아주 좋아요, 베일리."

밀러 양은 따스하게 미소 지었다. 그는 고개를 끄덕이고는 나갔다.

메이드 에드나 리브스는 미소를 억누르지 못하는 활달한 십대 소녀였다.

"아뇨, 이상한 건 못 봤어요. 뭐 제가 이상하다 아니다 말할 입장이 아니기도 하고요. 저는 부엌에서 늘 하듯이 저녁식사 뒷정리를 하고 있었어요. 딕슨 부인은 훌륭한 요리사지만, 제가 보기엔 요리란 게 워낙 어수선한 일이라서요. 가끔은 달걀 하나 삶는 데 커다란 냄비를 세 개는 쓰는 것 같아요. 열한 시 넘도록 거기 있었어요."

마지막으로 도널드의 조카 엘리스 헌트는 유쾌해 보이는 이십대 후반의 청년이었다.

"죄송합니다, 밀러 양. 저는 수요일 저녁에 본채에 없었어요. 친구들하고 저녁 여섯 시부터 몇 시까지인지 아무튼 새벽까지 포커를 쳤거든요. 본채를 등진 오두막에 있는 방을 썼기 때문에 이쪽은 전혀 보이지 않았고요. 혹시 본채 식당에 있었다 해도 뭘 알아챘을 것 같진 않네요. 카드 치다 보니 시간이 쏜살같이 흘러가서요."

엘리스 헌트가 나가고 마릴린 헌트가 돌아왔다.

"뭔가 소득이 있었어, 메리?"

그녀는 걱정하면서도 희망을 품은 듯이 물었다.

"좀 강한 의심이 들기는 해."

메리 밀러가 말했다.

Hint 메리 밀러는 누구를 의심하고 있으며, 이유는 무엇일까?

→ 타이밍

엘리스 헌트는 저녁 내내 오두막에 있었다고 주장했지만, 그곳은 그날 밤 거의 한 시간 가까이 정전이었다. 그는 시간이 쏜살같이 흘러갔다고 했지만 정말 거기 있었다면 정전 때문에 카드 게임이 중단되었을 것이다. 도둑맞은 장신구함은 나중에 엘리스 헌트의 소지품에서 발견되었고, 그는 창피해하며 도박 빚을 갚기 위해 훔쳤다고 인정했다.

9

복도 끝의 두 남자

Double Identity

"그자들이 어떻게 도망쳤는지 모르겠어, 올리버."

케이슨 포레스트는 보통 모두에게 상냥한 미소를 짓는 덩치 큰 남자였다. 하지만 오늘은 심각하기 짝이 없었다. 며칠 전 그가 운영하는 화원 사무실에서 거액의 현금을 도둑맞은 것이다.

"복도 저쪽 끝, 문가에 있는 그자들을 봤어. 그래, 좀 어둡긴 했지만 분명히 키 180센티미터 이하, 작업복 차림의 남자 두 명을 봤다고. 나하고 가까운 쪽에 있는 사람은 의사 왕진 가방 같은 것을 들고 있었어. 정말 이상하다 싶어서 삼십 초도 안 되어 나도 그들을 따라 문을 나갔지. 그런데 그 사람들이 안 보이는 거야. 거기 있는 사람은 **크리스 비들**뿐이었어. 사람들이 뛰어나오는 소리는 들었지만 아무것도 못 봤대. 문제는, 우리 야외 창고는 폭이 백 미터는 되고 최소한 삼백 미터 정도까진 훤히 다 보인단 말이야. 만약 그자들이 옆으로 돌아서 갔다면 크리스와 맞닥뜨렸을 거고, 게다가 그쪽에는 높은 울타리가 있어. 울타리를 타고 넘어갔다면 분명히 어떤 소리라도 들렸을 거야. 그러니까 그냥 사라져버린 거라고."

올리버 제임스는 생각에 잠겨 얼굴을 찌푸렸다.

"희한한 일이네. 그자들이 무슨 차 같은 걸 타고 간 건 아니지?"

케이슨 포레스트는 고개를 저었다.

"아닐 거야. 그렇게 빠르고 조용하게 내 시야를 벗어나 야외 창고를 가로질러 도로까지 갈 수 있을 리가 없어. 소리도 하나 내지 않고 말이야. 경찰은 내가 미쳤다고 생각해. 진술을 받아갔고 모든 단서를 추적하겠다고 말하긴 했지만, 별로 낙관적이지 않은 것 같아. 심지어 도둑맞은 현금을 찾기 어려울 거라고 말한 사람도 있었다니까."

"음, 다른 각도에서 살펴보면 어떨까. 당시 현장에 상당한 돈이 있다는 걸 알았던 사람은?"

"나는 화요일마다 금고에 있는 돈을

은행에 입금해. 임페리얼 호텔에 납품한 난초들이 많은 화제가 된 덕분에 현금 도난사건이 있었던 바로 그 전주의 주말은 굉장히 장사가 잘되었어. 그러니 주말에 일했던 사람이면 누구나 짐작할 수 있었을 거야. **헤더 리브스**, **오브리 펜튼**, **아이작 브런슨**, **앤젤로 델가도**, 그리고 크리스 비들. 하지만 화요일 아침에 헤더는 매장에서 손님들을 상대하고 있었고, 앤젤로는 월요일과 화요일을 쉬고, 오브리는 나와 함께 회의실에서 주문서를 살펴봤고, 아이작은 계산대를 맡았고, 크리스는 야외 창고를 정리했지. 게다가 혹시 우리 직원 중에 누가 도둑들에게 털기 좋은 날이라고 귀띔했다고 쳐도 그자들이 사라진 건 설명이 안 돼."

"그렇지. 말이 안 돼. 그래도 우선 가능성을 살펴보자고. 직원들은 어떤 사람들이야?"

"헤더는 정말 사랑스런 아가씨야. 손님이 아무리 무례하고 제멋대로여도 친절하게 도와줘. 여기 일 년 반쯤 있었지. 언젠가 결혼하면 그만두겠지만, 헤더만 행복하다면야 난 대찬성이야. 오브리는 사업을 시작했을 때부터 일했고 내 오른팔이야. 오브리가 없으면 막막할 거야. 오브리가 나를 그런 식으로 배신했을 거란 생각조차 차마 못하겠어. 아이작은 성실한 사람이지. 여기 삼 년 있었는데 아주 차분하고 유능한 청년이야. 헤더에게 엄청 다정하지만 너무 수줍어서 말을 못 꺼내. 아무래도 관계를 발전시킬 계기를 좀 만들어줄까 생각 중이야. 헤더한테 잘할 테니까. 크리스는 여기서 일 년쯤 일했지. 조용하지만 속이 깊어.

책벌레라 온갖 주제에 박식하고. 뭔가 읽을거리를 들고 있지 않을 때가 없어. 마지막으로 앤젤로는 우리하고 일한 지 한 달 정도밖에 안 되었지만 누구보다 원예를 훤히 꿰고 있지. 구근 얘기를 꺼내면 입을 다물 줄 몰라. 이런 이야기가 좀 도움이 될까?"

"잘 모르겠어."

올리버 제임스는 솔직히 털어놓았다.

"그자들이 사라진 곳을 한 번 볼 수 있을까?"

"그러지 뭐."

케이슨 포레스트는 애써 미소 지으려 했지만 실망을 감추기 어려운 기색이 역력했다.

회의실 앞 복도는 곧장 건물 뒤편으로 이어졌다. 길고 어둑어둑한 복도 바닥엔 돌이 깔렸고 녹색 페인트칠이 되어 있었다. 복도 양쪽으로 문이 몇 개 있었고 그 끝 쪽 난방이 되는 창고 옆이 야외 창고로 나가는 문이었다. 직원 휴게실은 큰 거울을 사이에 두고 복도 맞은편에 있었다. 갈림길에 다다르자 케이슨 포레스트는 오른쪽을 가리켰다.

"내 사무실은 저쪽이야. 그리고 저게 야외 창고로 나가는 문이고."

야외 창고로 가는 넓은 양문은 활짝 열려 있었다. 올리버 제임스는 밖으로 나가 주위를 둘러보았다. 케이슨 포레스트의 말이 일리가 있었다. 화원의 야외 창고는 족히 폭이 백 미터는 되었다. 묘목이 드문드문 있긴 했지만, 사람이 뒤에 숨을 만큼 크진 않았다. 차량 출입문은 열려 있었고, 그 뒤로 도로가 보였다.

"케이슨."

올리버 제임스가 마침내 말했다.

"누가 그랬는지 알 것 같아."

Hint 올리버 제임스가 의심하는 사람은 누구이며 이유는 무엇일까?

→ 복도

거꾸로 보는 정답 페이지

크리스 비들이 도둑이고, 혼자 범행을 저질렀다. 복도 저쪽 끝에서 케이슨 포레스트는 크리스 비들과 복도 끝 거울에 비친 자신의 모습을 본 것이다. 케이슨 포레스트는 두 사람을 봤다고 생각했지만 한 명이었다. 케이슨 포레스트가 달려 나오는 소리를 듣고 크리스 비들은 얼른 가방을 묘목들 사이에 숨겼고, 케이슨이 도망친 남자에 대해 물으면 모르는 척할 셈이었다. 운 좋게 케이슨 포레스트가 잘못 봤다는 걸 알고 크리스 비들은 거짓말로 케이슨 포레스트의 오해를 부추기고, 나중에 가방을 회수했다. 케이슨 포레스트가 경찰에 한 목격 증언을 정정하자, 크리스 비들은 수사를 받았고 이후 자백했다. 케이슨 포레스트는 대부분의 돈을 되찾았다.

10

지도 제작사의 죽음

The Cartographer

잭 챔벌레인이 유별나다는 것은 널리 알려져 있었다. 지도 제작자인 그는 자신의 여가시간을 모조리 세상에 존재하지도 않을 것 같은 지역의 엄청나게 상세한 지도를 하나하나 만드는 데 쏟아 부었다. 크기는 딱 드넓은 식탁에 펼칠 수 있을 정도였으며, 처음 작업을 시작한 순간부터 대략 일주일 후 완성될 때까지 그 자리에 그대로 놓여 있게 된다. 그 지도들이 존재하지 않는 동일한 세계를 그린 것인지, 아니면 각자 완전히 별개의 세상인지는 알기 어려웠다.

파나키 경감은 어느 쪽이든 상관있을까 싶었고, 잭 챔벌레인은 토요일 오후 네 시 삼십 분경 문진에 맞아 살해당했으니 말해줄 수 없었다.

그날 잭 챔벌레인의 집에는 여러 사람이 찾아왔다가 갔다. 파나키 경감은 피해자의 생애 마지막 몇 시간이 어땠는지 알아보기 위해 그들을 한 명 한 명 면담하는 것부터 시작하기로 마음먹었다.

브루노 막스는 잭 챔벌레인의 매제였다. 중년으로 접어드는 서글서글한 남자로, 바지와 버튼다운 셔츠의 캐주얼한 차림이었다. 조사실에 불려 온 게 불편할 텐데 잘 감추고 있는 건지 아무튼 태연한 기색이었다.

"그 유명한 패딩턴 파나키 경감님이시군요."

파나키 경감이 자기소개를 하자 브루노 막스는 말했다.

"영광입니다, 경감님."

"와주셔서 고맙습니다."

파나키 경감은 덤덤하게 대답했다.

"잭 챔벌레인의 여동생과 결혼하셨지요?"

"맞습니다. **애쉴리**요. 결혼한 지 십이 년 되었습니다."

"잭 챔벌레인과는 잘 알고 지내셨습니까?"

"솔직히 잘 아는 사람이 있을까 싶네요. 아내의 오빠였지만 잭 챔벌레인은 늘 공상 속에서 사는 사람이었거든요. 항상 그랬죠."

"마지막으로 보신 게 언제입니까?"

브루노 막스는 한숨을 쉬었다.

"토요일 오후에 봤습니다. 좋은 투자 건이 있어 얘기 좀 하려고요. 예전에 비슷한 일을 했었고 수익이 꽤 짭짤했거든요. 세 시 약간 넘어서 도착했죠. 제가 갔을 때 잭은 지도 작업을 하고 있었고 반쯤 되어 있었습니다. 늘 하듯이 방해가 되었다고 잠깐 불평한 후에, 서로에게 유익한 논의를 했습니다. 한 시간가량 걸렸을 겁니다."

"무슨 투자인가요?"

"제가 준비 중인 프로젝트로 토지 개발이죠."

"그렇군요. 시간 내주셔서 고맙습니다, 막스 씨."

와이어트 토레스는 잭 챔벌레인의 정원사였다. 키가 크고 튼튼한 체격에, 바깥 활동을 많이 한 탓에 실제 나이 서른둘보다 훨씬 들어 보였다.

"그 댁 정원 일을 십이 년 동안 했지요. 그 정원이라면 속속들이 압니다. 그렇지만 챔벌레인 씨는 자기 얘기를 안 하는 분이었어요. 아주 격의 없고 늘 소탈하긴 했지만 주위 사람들에게 속을 잘 드러내지 않았죠."

"챔벌레인 씨 집에 토요일에 갔습니까?"

"그랬죠. 월, 화, 토요일 열두 시에서 두 시까지. 시계처럼 정확히요."

"챔벌레인 씨는 그날 어땠습니까?"

"얘기는 안 했습니다. 월요일에만 그 주에 무슨 작업을 하면 될지 얘기하죠. 지도 작업할 때 방해받는 걸 안 좋아하세요. 하지만 창 너머로 서성거리는 모습을 몇 번 보긴 했습니다. 보통 그날 일진이 안 좋다는 뜻입니다."

잭 챔벌레인의 가정부 **헤일리 라라미**는 이십대 후반의 자그마한 여자였다.

"대체로 상냥한 분이었어요."

그녀가 파나키 경감에게 말했다.

"뭔가 일이 잘못되면 우울해하기도 했지만 그런 일이 흔하진 않았어요. 제가 토요일 아침에 도착했을 땐 괜찮아 보였고, 삼림지 한가운데에다가 무슨 유적지를 열심히 그려 넣고 계셨죠. 제 일과는 매일 오전 중에 와서 정리 좀 하고, 점심 차려드리고 저녁에 데워 먹을 식사를 준비해놓는 거예요. 그래서 대략 열두 시 삼십 분에서 한 시가량이면 일이 끝나서 집으로 돌아가죠. 하지만 월요일은 주로 청소와 정리, 그리고 일주일 치 장보기를 하느라 종일 일해요. 마치 나이 들어가는 십대 아들을 키우는 것과 같다고나 할까요. 가깝게 지낼 수 있는 사람은 아니지만 그리울 거예요."

그날 잭 챔벌레인을 만난 또 다른 사람은 젊은 배달원 **트리스탄 터너**로 화방에서 일했다.

"주문 재단해서 하나씩 둘둘 만 도화지 묶음을 배달했어요. 물건이 들어오기를 기다리다 보니 좀 늦어서 그 집에는 열두 시 사십오 분쯤에 도착했죠. 챔벌레인 씨는 대체로 괜찮은 분인데 토요일엔 기분이 엉망이었어요. 커피 자국이 난 축구공 크기의 구겨진 종이 뭉치를 흔들면서 제가 들어오는 바람에 포클랜드 포인트를 망쳤다고 고함을 질러대더군요. 처음엔 무슨 말인지 몰랐지만 그분이 작업하던 지도 얘기라는 걸 깨닫고 죄송하다고 사과드렸어요. 배달 물건을 전달하고 곧바로 나왔죠. 그게 다예요."

배달원 트리스탄 터너는 잠시 머뭇거렸다가 속삭이듯 작은 목소리로 다시 말했다.

"배달 일 치고는 쉬웠어요. 전혀 어려울 것 없었죠. 전 파리 한 마리도 못 잡는 사람이에요."

파나키 경감은 트리스탄 터너에게 시간 내주어 고맙다고 말하고 연락하겠다고 한 다음, 사무실로 돌아가 파이프에 새로 담배를 채웠다.

"그 거짓말쟁이를 조사해야겠군."

파나키 경감이 혼잣말로 중얼거렸다.

Hint 거짓말을 한다고 파나키 경감이 의심하는 사람은 누구이며, 이유는 무엇일까?

→ 지도

브루노 막스가 거짓말을 하고 있다. 그는 잭 챔벌레인이 지도 작업을 하고 있었고 반쯤 완성했다고 말했지만 작업 중이던 지도는 그날 더 이른 시간에 엉망이 되었다는 증언이 있고 잭 챔벌레인은 이전 지도가 완성되어야 새 지도 작업에 들어가는 사람이었다. 잭 챔벌레인이 작업을 하고 있지 않았기 때문에 브루노 막스는 그가 이전 지도를 구겨버렸다는 사실을 몰랐다. 파나키 경감은 이내 브루노 막스가 파산 직전에 몰려 있으며, 잭 챔벌레인의 금전적 지원이 절실히 필요하다는 사실을 발견했다. 브루노 막스가 사기를 치려는 것을 잭 챔벌레인이 알아채어 둘은 격한 말다툼을 벌였고, 그 와중에 브루노 막스가 잭 챔벌레인을 죽였다. 파나키 경감이 사실을 제시하자 브루노 막스는 이내 자백했다.

11

쌍둥이에게 닥친 비극

Monroe & Monroe

에단과 에라스무스 먼로는 시내에서 최고의 구두 장인으로 널리 알려져 있었다. 둘은 일란성 쌍둥이로 나이는 쉰 살에 가까웠으며, 날씬한 체격에 온화한 얼굴을 하고 있었다. 여러 해 동안 두 사람을 구분할 수 있는 유일한 차이점은 에단이 타는 휠체어뿐이었다. 하지만 에라스무스 먼로가 살해당하면서 혼동의 여지는 영영 사라지고 말았다.

현장 보고서에 따르면 에라스무스 먼로는 가게 작업실에서 쓰러진 모습으로 발견되었는데 왼쪽 관자놀이를 무거운 둔기에 맞아 죽었다. 그의 망치 중 하나가 피 묻은 채 근처 바닥에 놓여 있었다. 상처와 모양이 맞아떨어져 흉기가 바로 이 망치임에는 의심의 여지가 없었다. 에단 먼로는 그 근처에서 힘겹게

동생을 향해 기어가던 중에 발견되었다. 헝클어진 머리부터 찢어진 셔츠 칼라에 닳은 구두 바닥까지 에단 먼로는 상당히 흐트러지고 힘겨운 모습이었다. 휠체어는 방 저편에 내동댕이쳐져 있었고, 그의 절박한 외침 소리가 경찰관의 주의를 끌었다. 가게 현금상자는 텅 빈 채 바닥에 떨어져 있었고, 가게 옆 골목으로 통하는 작업실 문이 활짝 열린 채였다.

고개를 설레설레 저으며 파나키 경감은 보고서를 치우고, 형제가 함께 살았던 집의 문을 노크했다. 간호사 같은 차림의 상냥한 젊은 여자가 나와서 에단 먼로가 기다리고 있는 방으로 안내했다. 파나키 경감은 고맙다고 인사한 다음, 에단 먼로에게 자기소개를 했다.

"고마워요, **에밀리**. 이런 상황에서 만나게 되어 유감이군요, 경감님."

에단 먼로는 힘없이 미소 지었다.

"이해합니다."

파나키 경감도 부드럽게 대답했다.

"살인사건 당일 있었던 일부터 말씀해주시면 어떨까요."

"평소와 같았어요. 전 갑피를 꿰매고 있었습니다. 이탈리아제 송아지 가죽으로 짙은 갈색의 브로그(남성화의 일종-옮긴이)를 만들려던 참이었죠. 에라스무스는 제 기억이 맞다면 부츠 굽에 못을 박고 있었고요. 그러던 중 현관문에 달린 벨이 울려서 에라스무스가 하던 걸 내려놓고 가게로 나갔습니다. 목소리가 들리긴 했는데 에라스무스가 고함을 칠 때까진 신경 쓰지 않고 있었어요. 고함 소리가 들려오자 그때 뭔가가 잘못됐구나 하고 알았죠."

그는 아득한 눈을 하며 말을 멈췄다.

"그다음에는요?"

"남자 둘이 작업실로 달려 들어왔습니다. 한 명이 에라스무스의 목을 팔로 휘감아 끼고 있었죠. 다른 한 명은 돈을 어디 두냐고 다그쳤고요. 그러다가 에라스무스가 끔찍한 신음 소리를 냈습니다. 그자들이 무슨 짓인가 한 거지요. 저는 현금상자가 있는 곳을 가리키며 그냥 가져가고 내버려두라고 했습니다. 에라스무스를 붙잡고 있던 자가 기분 나쁘게 웃는 동안 그의 동료가 상자를 비워냈죠. 일을 끝내고 에라스무스를 바닥에 내동댕이쳤습니다. 전 아직 충격에 빠져 있던 참이라 쳐다보고만 있었던 것 같아요. 상자를 턴 놈이 저한테 다가오더니 자기를 쳐다보라나 뭐라나 소리를 질러대더군요. 그러더니 저를 휠체어에서 바닥으로 밀쳐버리더니 휠체어를 저만치 내던졌습니다. 에라스무스가 화가 나서 고함을 질렀죠. 제대로 보진 못했지만, 뭔가 소란스럽더니 끔찍한 퍽 소리가 났습니다. 남자들은 가게 뒤쪽으로 도망쳤고요. 에라스무스는 바닥에 쓰러져 있었는데 두개골이 부서진 게 보이더군요. 그쪽으로 몸을 끌고 기어갔지요. 아마 제가 소리를 지르거나 그랬는지 경찰이 왔어요. 그때 동생이 죽었다는 걸 들었죠. 참 아이러니합니다."

"어째서요?"

"**댄 위클라인**이라는 경쟁자가 몇 주째 우리더러 가게를 넘기라고 압박해왔거든요. 에라스무스는 상당히 혹했지만 전 생각도 안 해보고 거절했습니다. 이제 에라스무스가 죽었으니 팔 수밖에 없지요. 저 혼자서는 꾸려갈 수가 없으니까요."

"위클라인 씨가 이 습격과 관련이 있을까요?"

에라스무스는 심란해 보였다.

"아뇨. 아뇨, 그럴 리가요. 댄이 끈질기고 약삭빠른 사업가이긴 합니다만 그래도 괜찮은 사람이에요."

"알겠습니다. 몸을 끌고 기어가셨다고 했죠. 정확히 어떤 장애가 있으신 겁니까?"

"허리 아래로 반신마비입니다, 경감님. 열일곱 살 때 말에서 떨어졌지요. 그 후로 다리에 감각이 없어요."

"범인들의 인상착의를 설명해주실 수 있겠습니까?"

"물론이죠. 한 명은 키가 크고 힘이 세 보였고, 260사이즈의 싸구려 구두를 신었습니다. 코는 몇 번 부러졌던 모양이더라고요. 우락부락한 얼굴에 커다란 입, 숱이 많고 구불거리는 검은머리였고요. 다른 한 명은 키는 더 큰데 늘씬한 체구였고 꽤 괜찮은 275사이즈 구두를 신었어요. 작고 반짝거리는 눈에 뺨은 푹 꺼졌고 턱이 길고 각이 졌습니다. 말투는 이 지역의 못 배운 사람들과 같았고요. 다시 보면 확실히 알아볼 수 있습니다."

"고맙습니다, 먼로 씨. 지금으로선 그걸로 됐습니다."

먼로의 집을 나와 파이프 담배를 피우면서 걸어가던 파나키 경감은 현장 보고서와 면담 노트를 다시 한 번 들여다보았다. 갑자기 그는 발걸음을 우뚝 멈췄다.

"그럼 모든 게 달라지는군!"

파나키 경감이 말했다.

Hint 파나키 경감은 뭘 의심스러워할까?

→ 부상

현장 보고서에 에단 먼로의 구두바닥이 닳았다고 되어 있다. 하지만 본인의 증언에 따르면 에단은 삼십여 년 동안 한 발짝도 뗀 적이 없다. 또 휠체어에서 곧장 바닥으로 쓰러졌기에 구두 바닥이 쓸릴 일이 없다.

병원에서의 정밀한 검사 결과 살아남은 쪽은 에단이 아니라 에라스무스였다. 에라스무스는 결국 무너져 자백했다. 형제는 큰돈에 사업체를 팔라는 제안을 받았고, 에라스무스는 그걸 받아들여 은퇴하기를 간절히 원했다. 하지만 에단은 고려조차 하지 않았다. 형제는 격렬한 말다툼을 벌였고, 결국 에라스무스가 에단을 살해하고 말았다.

이성을 되찾자 에라스무스는 최선의 알리바이는 육체적으로 살인이 불가능한 상태로 가장하는 것임을 즉시 깨닫고, 현장을 꾸며 에단인 척했다. 적당한 애도 기간이 지나면, 에라스무스는 가게를 팔고 멀리 이사 가서 기적적으로 장애를 극복한 척할 계획이었다.

12

사우스웰 스토 여인숙 도난사건

Southwell Stowe

크리스마스가 가까워오자, 메리 밀러는 다시금 조류협회의 모임 준비를 맡았다. 밀러 양은 모임을 사우스웰 스토 지역에서 갖기로 결정했는데, 그곳에는 평화롭고 새들이 살기 좋은 서식지와 제법 괜찮은 여인숙이 있었다. 밀러 양은 그곳을 운영하는 주인 부부에게 식사와 숙박을 예약했고, 당일 협회 회원들은 동이 트고 얼마 지나지 않은 오전 여덟 시에 그 여인숙 앞에서 집합했다가 흩어져서 각자 조류 관찰을 즐겼다.

날씨는 계속 흐렸지만 비나 진눈깨비가 내리진 않았다. 밀러 양은 그날 내내 유쾌한 기분으로 야외 활동을 즐겼다. 특히 눈에 잘 띄지 않는 눈부시게 밝은 색의 홍관조와 쇠홍방울새를 보는 것으로 관찰을 기분 좋게 마무리 지었다. 밀러 양은 오후 네

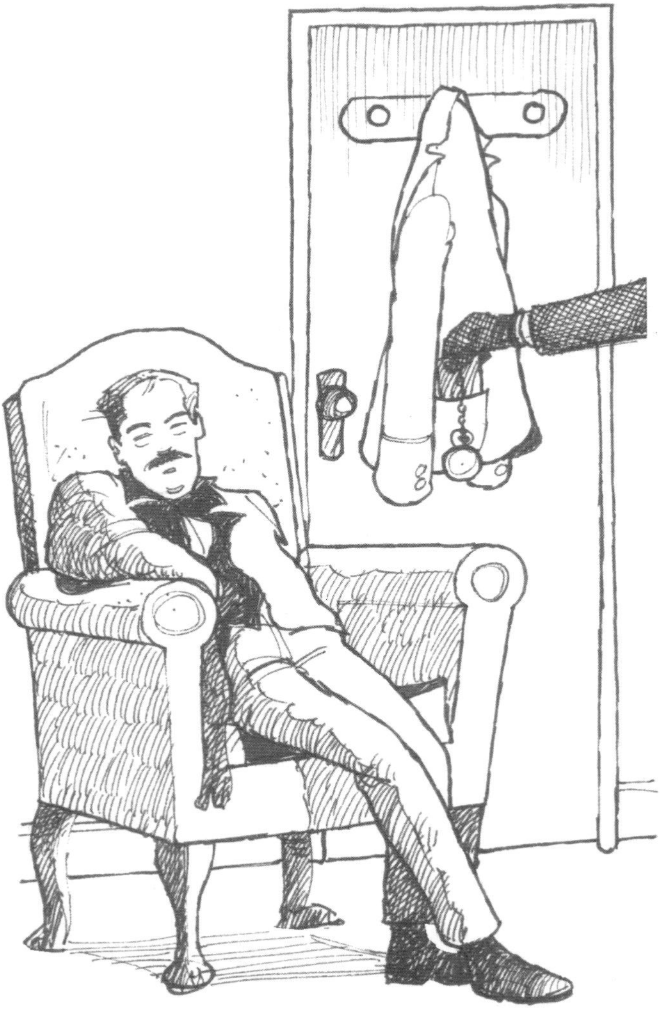

시가 넘도록 밖에 있다 여인숙으로 돌아왔다. 여인숙은 날이 저물어가는 어둠 속에서 빛나는 등대와도 같았다. 밀러 양은 뜨거운 목욕으로 홀로 자축하고 새로 우려낸 홍차를 마셨다.

저녁을 먹으러 내려가기 조금 전, 문에서 급박한 노크 소리가 났다.

"들어오세요."

밀러 양의 말을 들었는지 문이 벌컥 열렸다.

"아, 계셔서 다행이에요."

이사벨라 워커는 모임 참가자 중 젊은 축으로, 쉽게 흥분하는 경향이 있었다.

"끔찍한 일이에요!"

"뭐가 말인가요?"

"**폰세카** 씨요. 도둑을 맞았대요!"

밀러 양은 속으로 가볍게 안도의 한숨을 내쉬었다.

"확실히 안된 일이네요. 어떻게 된 거예요?"

"저도 몰라요. 모셔오라고 **사라**가 저한테 부탁했어요. 폰세카 씨 방에 있어요."

알고 보니 모임 사람들 절반이 앤드루 폰세카의 방에 모여 있었다. 밀러 양은 그들을 진정시키고 무슨 일이 있었는지 말해 달라고 폰세카 씨에게 청했다.

"조금 낮잠을 잤습니다."

앤드루 폰세카가 그녀에게 말했다.

"네 시 반까지 밖에 있다 보니 피곤했거든요. 물론 문을 잠글 생각은 못했죠. 일어나 보니 시계와 지갑이 사라졌더라고요. 자기 전에는 분명히 코트 주머니에 있었어요. 어느 악랄한 악당이 가져간 게 틀림없습니다."

사라 에이머스가 밀러 양의 귓가로 몸을 숙였다.

"제가 옆방이에요. 코를 엄청나게 골아대시더라고요. 목표물로 딱이었겠죠."

밀러 양은 고개를 끄덕였다.

"뭔가 수상한 걸 보신 분 있으세요? 누가 살금살금 돌아다닌다거나?"

다들 멍한 눈길이었다.

"실례합니다."

낯선 남자의 목소리가 그녀의 뒤에서 들렸다.

"메리 밀러 양 계십니까?"

돌아보니 지배인인 **데이비드**였다.

"저예요."

"도둑이 들었다고 하던데 맞습니까?"

"불행히도 그래요."

메리 밀러가 말했다.

"내 지갑이요!"

앤드루 폰세카가 외쳤다.

"죄송합니다. 저희가 참 나쁜 인상을 드리게 되었군요. 당장 경찰에 연락하고 기다리는 동안 직원들에게 혹시 뭔가 도움이 될 만한 걸 아는지 물어보도록 하겠습니다. 또한 아래층 라운지에서 무료로 칵테일을 대접하겠습니다. 이 일로 너무 기분 상하지 않으셨으면 좋겠군요. 혹시 달리 도움드릴 일이 있다면 알려주십시오."

밀러 양이 고맙다고 인사하자 그는 부리나케 사라졌다.

십 분 후, 모임 사람들은 칵테일을 즐기고 있었고 이사벨라 워커조차 좀 진정이 되었다. 밀러 양이 그날 하루를 돌이켜 생각해보고 있을 때 지배인이 다시 곁에 나타나 말했다.

"메이드 중 한 명이 뭔가를 봤답니다."

"그래요?"

"네. 다른 메이드들과 식당에서 저녁식사 준비를 하고 있을 때, 큰 키에 가무잡잡한 피부색의 남자가 도로 쪽으로 걸어가는 것을 봤다는군요. 여러분 일행이려니 하고 별생각 안 했답니다."

"그거 흥미롭군요. 그 남자를 제대로 봤대요?"

"짙은 색의 머리였고,

붉은 체크 셔츠와 두꺼운 코트, 캐주얼한 파란 바지 차림이었답니다. 그렇지만 한 십 미터가량 떨어져 있어서 얼굴은 잘 못 봤고요."

"그렇군요. 경찰이 오고 있나요?"

"시간 나는 대로 경관을 보내겠다더군요."

"잘됐어요. 그 메이드의 소지품을 수색해서 지갑과 시계를 찾아보라고 전해주겠어요?"

Hint 왜 메리 밀러는 목격자의 소지품을 수색하라고 했을까?

→ 시간

깜깜한 시골 밤중에는 뭘 제대로 보기 힘들고, 특히 환한 실내에서 밖을 내다보는 상황이라면 말할 나위가 없다. 메이드가 그 거리에서 상세한 옷 종류를 파악하기란 매우 힘들었을 것이다. 경찰이 도착해서 메이드의 서랍 아래에서 앤드루 폰세카의 물건들을 찾아냈다. 메이드는 그 직후 자백했다.

LEVEL

2

추리 고수들을 위한

탐정 퀴즈

Level 2는 다소 난이도가 높기 때문에

특별히 힌트와 함께 등장인물들의 특이사항이나

여러 생각할 거리를 메모할 수 있는 표를 넣어두었다.

13

나무통 속의 시체

The Man in the Barrel

나무통 속에서 시체로 발견된 토지 개발업자

신문 1면 기사 제목이 마치 큰 소리로 외치는 듯 볼드체로 커다랗게 쓰여 있었다.

'패딩턴 파나키가 사건을 맡다!'

파나키 경감은 한숨을 쉬고 신문을 쓰레기통에 던져 넣었다. 그는 열흘 전 강에서 발견된 시체에 대한 보고서를 한쪽으로 치우고 체이스 코스텔로 범죄 현장의 세부사항을 살펴보았다. 쉰두 살의 체이스 코스텔로가 실종 두 주 만에 작은 부둣가 움막에 숨겨진 나무통 속에서 시체로 발견되었다. 보고서에 따르면, 피해자는 공포로 얼어붙은 표정을 하고 있었다.

사망 원인은 심장을 단칼에 찔린 것이고, 흉기인 지극히 평범한 부엌칼도 그대로 가슴에 꽂혀 있었다. 흉기엔 쓸 만한 증거라곤 전혀 없었다. 나무통 안에는 피가 있었지만 그 주위로는 없어서, 파나키 경감은 살인은 다른 곳에서 벌어졌다고 추정해도 되겠다고 여겼다.

코스텔로의 아내, 아들, 남동생과 사업 파트너는 다들 피해자의 유언장에 언급되었지만, 알고 보니 그에겐 남길 것이 별로 없었다. 화려하고 공격적이라는 대외 이미지에도 불구하고, 코스텔로는 재정적으로 파산 직전이었다. 코스텔로 혹은 그의 회사와 금융거래를 했던 사람이라면 거의 누구나 그의 죽음을 바랄 만한 이유가 있을 법했다.

경찰은 주요 관계자 모두와 이야기를 나누었다. 그의 두 번째

아내 데시 코스텔로는 일주일 동안 고향의 부모님과 남매들을 만나고 그날 아침 돌아온 참이었다. 사업 파트너 아리스토스 윌리엄스는 파산을 막기 위해 역시 며칠 동안 시외로 급한 출장을 나가 있었다. 남동생 로만 코스텔로는 사냥을 하러 갔었다. 아들 오스카 코스텔로는 대부분 일을 했고 남은 시간에는 여자친구, 친구들과 시간을 보냈다. 오스카의 어머니 올리비아 알레만은 체이스 코스텔로와 헤어진 후 재혼했다. 그녀는 현 남편이 이전 결혼에서 낳은 학령기 아이들을 보살피는 전업주부였다. 올리비아 알레만의 남편 루크 알레만은 교사였다. 그는 학생들과 함께 해외에 나가 있었다.

파나키 경감은 그들 모두와 직접 이야기를 했다.

피해자의 대저택에서, 미망인인 데시 코스텔로가 파나키 경감을 맞이했다. 상복 차림의 데시 코스텔로는 비교적 차분해 보였다. 메모에는 그녀가 삼십대 초반이라고 적혀 있었다.

"그런 짓을 저지른 짐승을 꼭 잡아주셨으면 좋겠어요."

미망인이 파나키 경감에게 말했다.

"전 남편을 정말 사랑했고, 이 일로 가슴이 찢어졌답니다."

파나키 경감은 최선을 다해 살인범을 찾겠다고 그녀를 안심시켰다.

"남편이 사라졌을 때 최악의 사태를 염려했어요. 그는 원하는 거라면 거리낌 없이 손에 넣었고, 자기 성공을 드러내놓고 자랑했으니까요. 그러면 사람들이 시기하고 악의를 갖기 마련이잖아요. 굳이 말하자면 그의 거래처 몇 사람이 좀 위협적이긴 했지만 사업이란 게 다 그렇죠 뭐."

"남편 분이 위협당한 일을 언급한 적이 있습니까?"

데시 코스텔로는 고개를 저었다.

"딱히 그렇진 않아요. 아리가 더 잘 알지도 모르겠네요."

그녀의 표정이 잠시 풀렸다가, 다시 경직되었다.

"아리스토스 윌리엄스요, 체이스의 사업 파트너."

그녀가 얼른 덧붙였다.

"제가 그 사람하고 잘 아는 건 아니고요."

"알겠습니다. 둘이 그런 위험에 대해 이야기하는 걸 들으신 적은?"

"없어요. 남편은 일과 가정을 분리했거든요. 전 아리스토스와는 행사나 그런 데서만 만났어요."

"코스텔로 씨의 친지들은 어떻습니까?"

"우린 그 사람들하고 별로 가깝지 않아요. 우리끼리 얘기지만, 그 사람들이 남편을 질투했던 거 같아요. 이혼 후에 아들 오스카는 친모인 올리비아가 키웠죠. 올리비아는 아들이 불쌍한 아버지에게 등을 돌리게끔 했어요. 우리가 결혼하고 나자 상황은 더 어려워졌죠. 남편의 남동생 로만은 그냥 무관심하고요. 둘이 아주 다른 사람이에요. 지난 몇 주 동안은 우리 모두에게 다 힘든 시간이었던 거 같아요."

파나키 경감이 다음으로 찾은 곳은 올리비아 알레만의 집이었다. 그녀는 사십대 후반 또는 오십대 초반이었으며, 조용한 부유층 지역에 살았다. 아들 오스카 코스텔로는 예리하게 생긴 청년으로 그녀와 함께 있었다.

"그 사람이 살해당해서 유감이에요."

올리비아 알레만이 말했다.

"전남편이 평생 제일 잘한 일은 저와 이혼해준 거지만, 그래도 아들 생각을 하니 무척 슬프네요."

"어머니, 걱정 마세요."

오스카 코스텔로가 말했다.

"별로 안타까울 일도 아닌데요 뭘."

"그래도 아버지인데 그런 말 마. 그러는 거 아니다."

"사이가 안 좋으셨나 보군요."

파나키 경감이 말했다. 오스카는 인상을 썼다.

"아버지는 내가 당신마냥 냉혹해지길 바랐죠. 늘 나더러 '약해빠졌다'면서 깎아내렸어요. 냉혹한 것과 강한 건 전혀 다르다고 아버지에게 몇 번을 설명했는지 몰라요. 하지만 도무지 들으려 하지 않더군요. 아버지가 보기엔 다른 사람들은 깔아뭉개라고 존재하는 겁니다."

올리비아 알레만은 한숨을 내쉬었다.

"확실히 전남편에겐 품위라는 게 많진 않았죠. 하지만 젊었을 때는 매력적이었고, 거친 면에 두근거렸어요. 그냥 홀렸던 거 같아요. 결국엔 실수를 깨닫고 거기서 빠져나왔지요."

"그딴 헤픈 여자와 재혼해도 싸죠."

오스카 코스텔로가 말했다.

"둘이 결혼한 지 오 년이 되었는데, 그 여자가 아버지 몰래 바람피운 상대만 최소한 네 명이에요."

"오스카!"

"사실인걸요. 몇 번 찾아갔더니 아버지는 집을 비웠고 그 여자가 남자에게 쉿쉿거리며 조용히 시키고 있는 게 들리거나, 온통 벌겋고 죄지은 얼굴로 문을 열어주곤 했어요."

"알겠습니다."

파나키 경감이 말했다.

"그의 사업 파트너 윌리엄스 씨를 아시는 분은 계십니까?"

"아리스토스요? 기본적으로 괜찮은 사람이죠."

올리비아 알레만이 말했다.

"늘 그 사람이 전남편의 대척점으로 작용하면서 그가 불법적인 영역으로 넘어가지 않게 붙잡아준다고 느꼈죠. 옛날엔 자주 만났어요."

"어렸을 때가 기억나요."

오스카 코스텔로가 말했다.

"짜증 내는 아이한테도 참 친절히 대해주셨죠."

파나키 경감은 고개를 끄덕였다.

"삼촌 분은 자주 만나십니까?"

“로만 삼촌 말씀이세요? 아뇨, 거의 연락 안 해요. 부모님이 헤어지자마자 삼촌은 사라졌죠. 삼촌은 아버지보다 몇 살 아래인데, 그냥 아버지 기분을 맞추려고 어머니와 나를 상대해준다는 기분이 늘 들었어요. 지난 십 년 동안 한두 번 봤나 싶군요.”

잠시 후, 파나키 경감은 로만 코스텔로의 호화 주택 진입로에 접어들었다.

“형님 일로 상심이 크시겠습니다.”

파나키 경감은 화려하게 장식된 응접실에 자리 잡고 앉은 후 그렇게 말했다.

“당신은 은행에 다니신다고요.”

“네.”

로만 코스텔로가 고개를 끄덕였다.

“체이스 형이 토지에서 무슨 가능성을 봤는지 저는 도무지 모르겠더군요. 중간 과정을 쳐내고 곧장 돈을 다루는 게 훨씬 효율적이죠. 형은 저희 은행에서 대출을 받고 싶어 했어요.”

“승인해주실 참이었습니까?”

“물론 노력은 했겠죠. 형은 담보가 설정되지 않은 자산이 별로 없었지만, 뭔가 해볼 수는 있었을 겁니다.”

파나키 경감은 그 내용을 수첩에 적었다.

“형님과 가장 가까운 사람에 대해 해주실 말씀은요?”

“형수 데시겠죠. 체이스 형은 진짜로 형수를 아꼈어요. 형수도 뭐 유쾌한 사람 같고요.”

"결혼은 안 하셨습니까?"

로만 코스텔로가 웃음을 터트렸다.

"어휴, 그럼요. 아직 제 짝을 만나지 못해서요. 그 찾는 과정이 재밌잖아요."

"형님과 가까운 다른 사람들은요?"

"흠, 아들 오스카와는 그렇게 가까운 사이는 아니죠. 저도 조카는 거의 알지 못합니다. 첫 번째 형수와 이혼하고 나선 그게 힘들더라고요. 그래도 아들이 배짱이 없어 아무것도 못하는 건 아닐까 하고 체이스 형이 걱정하던 건 알죠. 아, 그리고 사업 파트너인 아리스토스 윌리엄스가 있군요. 호감 가는 사람이죠. 좀 쓸모없는 것 같긴 해도."

"그래요? 어떻기에 그렇습니까?"

"그 사람이 체이스 형 몰래 데시와 놀아나고 있다는 확실한 정보가 있어요."

파나키 경감은 엄격한 눈으로 상대를 쳐다보았다.

"그런데 형님께는 말씀 안 드렸고요?"

"세상에! 물론 안 했죠. 체이스 형도 워낙 바람둥이인 걸요. 제가 상관할 일이 아니잖아요."

"알겠습니다. 시간 내주셔서 감사합니다, 코스텔로 씨."

아리스토스 윌리엄스는 체이스 코스텔라와 함께 쓰던 사무실에서 파나키 경감을 맞이했다. 그는 오십대로 깔끔한 차림이었다. 파나키 경감이 이야기를 나눠본 모든 이들 중에서 그가 제일 진정으로 슬퍼하는 듯했다.

"전 체이스를 좋아했어요."

아리스토스 윌리엄스가 말했다.

"그야 확실히 무정한 면이 있긴 했지만, 의리 있는 친구였고 함께 있으면 아주 즐거운 상대였습니다."

"그분에게 적이 있었습니까?"

"아, 당연하죠. 체이스와 거래하고 덕을 본 사람은 거의 없어요. 사망 소식에 축배를 든 경쟁자들도 몇 있겠죠."

"그중 누군가가 그를 죽였을 거라 보십니까?"

"그런 잔혹한 방식으로요? 아뇨, 아닐 거 같은데요."

"그의 가족에 대해 아시는 건요?"

"체이스는 두 번 결혼했죠. 첫 번째 아내 올리비아는 상당히 좋은 사람이었지만, 체이스와 동갑이어서인지 어떤지 모르지만 결혼이 오래 가지는 않았어요. 둘 사이에 오스카라고 아들이 한 명 있죠. 어머니를 닮은 유쾌하고 섬세한 청년이죠. 체이스는 몇 년 전에 재혼했어요. 데시는 젊고 아름답고, 제가 보기엔 좀 지루해하는 것 같아요. 그리고 로만이라고 남동생이 있고 상당히 가깝게 지내죠."

"그리고 선생님께선?"

"가족 말입니까? 아내하고, 우주비행사가 되겠다는 아들 한 명, 스물둘에서부터 열네 살까지 딸이 셋 있습니다."

그가 웃음을 터트렸다.

"집과 회사를 오가느라 제 시간이라곤 거의 없답니다. 그리고 몇 시간 거리에 떨어져 사는 여동생 가족이 있고요. 명절 때면 다들 모이죠. 이쪽으로 오든 그쪽으로 가든 말이에요."

"그럼 본인의 결혼생활을 어떻게 보십니까?"

아리스토스 윌리엄스는 잠시 멈칫했고 얼굴에서 미소가 스러졌다.

"진지하게 물어보시는 거군요. 무슨 얘기를 들으셨는진 모르겠지만 전 아내를 사랑합니다. 또 체이스의 바람기가 가족에게 어떤 피해를 주는지 직접 봤잖습니까. 그런 상처를 누구에게든, 하물며 아내 매디에겐 절대 주지 않을 겁니다."

"그러시겠죠. 그저 확실히 파악하려던 겁니다."

파나키 경감이 달래는 듯한 목소리로 말했다.

"알겠습니다."

아리스토스 윌리엄스가 마지못해 대답했다.

"체이스가 실종 전에 하던 일은 뭡니까?"

"우리는 호수 근처 넓은 대지를 막 매입한 참이었죠. 체이스는 일단 허가가 떨어지면 거기다 고급 주택들을 지을 계획이었습니다."

"괜찮으시다면 그 땅을 좀 보고 싶군요."

파나키 경감이 말했다.

"물론이죠."

아리스토스 윌리엄스가 주소를 적어 주었다.

파나키 경감이 찾아가 보니, 아직 숲이 우거져 있는 곳이었다. 유일한 건축물은 오래된 목조 오두막뿐으로 그는 곧장 그곳으로 향했다.

안에 들어가 보니 오두막은 놀랍게도 꽤나 쾌적했다. 나무 난로와 오븐, 잘 정리된 상태의 침대, 테이블과 의자 두 개, 심지어 욕조까지 있었다. 게다가 테이블 위에는 책 몇 권과 뚜껑을 딴 맥주병 두 병도 있었다. 의자 중 하나는 마른 핏자국 범벅이었다.

파나키 경감은 싱긋 미소 지었다.

"잡았다."

Hint 살인자는 누구이며, 파나키 경감은 어떻게 알았을까?

Ⓐ 여러 사람들의 증언이 서로 맞아떨어지지 않는다.
Ⓑ 체이스 코스텔로의 사망 추정 시간에 중요한 의미가 있다.
Ⓒ 데시 코스텔로는 바람을 피우고 있다.
Ⓓ 오스카 코스텔로와 아리스토스 윌리엄스는 서로 호감을 갖고 있으며, 사이가 좋다.
Ⓔ 체이스 코스텔로는 사업상의 적에게 살해당한 것이 아니다.
Ⓕ 루크 알레만은 이 사건과 아무 관련이 없다.
Ⓖ 파나키 경감이 전에 수사했던 사건과 이 건은 연관이 있다.

	관계	특이사항
데시 코스텔로	두 번째 아내	
아리스토스 윌리엄스	동업자	
로만 코스텔로	동생	
오스카 코스텔로	아들	
올리비아 알레만	전부인	
루크 알레만	전부인의 남편	
매디 윌리엄스	동업자의 아내	

버렸다. 로만과 데시는 또한 더 큰 혼란을 불러오게 하려고 데시가 아리스토스 윌리엄스와 바람을 피우고 있다고 사람들이 믿게 만들기로 했다.

로만은 결국 살인죄로, 데시는 살인 공모 혐의로 기소되었다. 그 슬픈 상황에서 유일하게 잘된 점은 오스카 코스텔로와 아리스토스 윌리엄스가 다시 만나 굳건한 친분관계를 이어가게 되었다는 것이다.

체이스 코스텔로는 남동생 로만에게 살해당했으나, 계획은 데시가 세운 것이었다.

사업이 무너져간다는 것을 깨닫자, 체이스 코스텔로는 생명보험 보장 조건을 확인하고 아내와 모종의 음모를 꾸몄다. 체이스 코스텔로는 실종을 가장한 다음 매입한 지 얼마 안 되는 토지에 있는 오두막에 숨어 지내러 갔다. 그다음 자신과 비슷한 체구와 연령대의 노숙자를 발견하고 죽인 후 시체의 신원을 알아볼 수 없게 해 자신의 옷을 입혀 강에다 버렸다. 원래 계획은 체이스가 며칠 실종되어 있는 동안, 데시가 그 시체를 남편이라고 신원 확인하고 보험금을 수령한 다음, 다른 곳에서 둘이 함께 새로운 삶을 시작하는 것이었다.

하지만 데시는 다른 미래를 구상하고 있었다. 그녀와 로만은 사랑에 빠졌고, 체이스의 음모는 둘이 이루어질 수 있는 완벽한 기회를 제공했다. 데시는 체이스를 설득하여 좀 더 기다리게 한 다음 완전히 혐의를 벗고 나서 친정 가족들을 방문하러 떠났다. 그리고 로만은 사냥을 가는 척하고 대신 체이스가 있는 오두막으로 가서 잠시 어울리며 형을 안심시키고 죽였다. 그 후 사건이 조직범죄와 연관되었다고 경찰이 오해하게 만들 의도로 시체를 부두 나무통에 담아

14

'플라잉 더치맨'의 질주

The Last Race

더비 경마는 늘 흥미진진했지만 올해는 특히 긴장감이 넘쳤다. 매우 큰돈이 걸린 판으로 우승 유력마는 흠잡을 데 없는 기록을 보유한 세 살짜리 '플라잉 더치맨'이었다. 기수 리암 캐넌 또한 경마계에서 떠오르는 별이었다. 최근까지만 해도 비교적 덜 알려진 축이었으나, 일관되게 인상적인 실력을 선보여 많은 관심을 모았다. 그는 사생활을 드러내지 않기로 유명했는데 이 신비주의 덕분에 오히려 더 유명세를 탔다. 결과적으로, 그는 최고의 말을 타기로 정해졌으며 플라잉 더치맨은 금세 경마 도박꾼들 사이에서 낙승 후보가 되었다.

하지만 경마 결과가 밝혀졌을 때 올리버 제임스는 다른 이들과 마찬가지로 어안이 벙벙해졌다. 플라잉 더치맨은 출발하자마자는 선두로 앞서갔으나 점차 뒤처졌다. 그리고 1펄롱(경마에서 쓰는 거리 단위로 약 201미터다 – 옮긴이)도 못 가서 세 번째로 배당이 높은 '오 노, 낫 어게인'에게 따라잡혔다. 2펄롱이 더 지나자 플라잉 더치맨은 무리 끄트머리로 밀려 마지막까지 앞으로 치고 나오지 못한 채 경기를 마무리한 반면 '살로메즈 프라이빗 댄스'가 많은 이들의 원성 속에서 선두로 결승선을 통과했다. '오 노, 낫 어게인'과 '플라토스 다이스'가 그다음으로 들어와 상위권을 형성했다.

사람들은 대부분 플라잉 더치맨이 무슨 부상을 당해 삐끗한 게 아닌가 여겼지만, 말의 발걸음은 완전히 경쾌해 보였다. 기수 리암 캐넌은 아무런 해명도 하지 않았고, 대신 채찍을 사납게 사람들에게 집어던지곤 성큼성큼 걸어가 버렸다.

비극적이게도, 젊은 아일랜드계 기수는 잠시 후 머리에 총을 맞고 죽은 채로 발견되었다. 그가 스스로 목숨을 끊었다는 소문

이 돌았다.

올리버는 이 별난 상황 전개가 석연치 않아 곰곰이 생각하던 중 누군가가 자기 이름을 부르는 소리를 들었다. 돌아보니 오랜 친구 앤서니 롱이 인파를 헤치고 다가오고 있었다.

"앤서니! 만나서 반가워."

올리버가 말했다.

"나도 마찬가지야, 올리버. 사실 네가 아직 여기 있기를 바라고 찾으러 왔지."

올리버는 한쪽 눈썹을 치켜 올렸다.

"그래?"

"뭔가 아주 많이 잘못되었어. 죽은 기수 리암 말이야. 그와 가까운 사이는 아니었지만, 지난 몇 달 동안 꽤 잘 알게 되었거든. 우리 아버지 말을 몇 번 탔지. 좋은 사람이었고, 신실한 천주교인이야. 어떤 상황에서든 스스로 생명을 버렸을 리가 없어. 뭐가 어떻게 돌아가는지 우리가 해결해야 해."

"경찰이 알아서 하겠…."

앤서니 롱은 냉소적으로 웃었다.

"패딩턴 파나키 경감이 여기 있었다면 그럴지도 모르지. 하지만 그 사람은 없고 아일랜드인에게 반감을 가진 머저리가 수사 지휘를 하고 있어. 이미 리암이 세상에 없는 게 도움이 되는 존재란 결론을 내리고, 어떻게 된 일인지 상관도 안 한다고. 제대로 된 수사가 필요하다는 걸 우리가 나서서 보여줘야 해. 아버지가 이쪽에 영향력이 꽤 있으셔서, 연줄을 써서 둘러봐도 좋다는 허락을 얻어냈어. 특히 이제 경찰은 완전 흥미를 잃고 있는 마당이니."

"알겠어."

올리버는 마음이 복잡해졌다.

"할 거야? 네 도움이 정말 필요해."

"물론이지."

"잘됐네. 우선 불쌍한 리암이 발견된 장소부터 가보자고, 그럼."

앤서니 롱은 서둘러 발걸음을 뗐고, 올리버는 그를 따라 경마장 식당의 주방 뒤 작은 창고 건물로 향했다. 따분한 표정의 경관이 문 앞에 서 있었다. 경관은 앤서니 롱과 올리버를 보고 팔

짱을 꼈다.

“출입 금지입니다, 신사분들.”

그들이 다가서자 경관이 말했다.

앤서니 롱은 그를 완전히 무시했다.

“여기야, 올리버. 안은 그냥 벽과 바닥을 하얗게 칠한 작은 창고방이지. 아마 감자 몇 포대가 있을 거야, 최소한 오늘 아침엔 그랬어. 그 정도가 전부야. 보다시피 여긴 이 경마장 안에서 인적이 드문 구석 쪽이지. 그래도 이 진흙탕에서 특정인의 발자국을 알아낼 만큼 인적이 없진 않고.”

고개를 끄덕이며 올리버가 말했다.

“그래, 무슨 말인지 알겠어. 그리고 누가 얼른 자살하고 싶다면 알맞은 장소일 수는 있겠군.”

그는 앤서니 롱의 얼굴을 흘끗 쳐다보았다.

“그가 그랬다는 말은 아냐, 알지? 그냥 그러기에 적당한 장소라고.”

경관은 들으란 듯이 크게 한숨을 내쉬었다.

“뭔가 수작을 꾸미기에도 적당하지.”

앤서니 롱이 말했다.

“자, 따라와.”

그들은 점점 더 불만스러워하는 경관을 못 본 체하고 식당 주방 쪽으로 향했다. 크고 허접하게 지은 주방 안 조리 공간 앞에는 한가운데 자갈길이 깔린 잘 다듬어진 잔디밭이 있었다. 상자며 비닐봉지가 바닥에 놓여 있고 사람들이 바삐 주방을 드나들었다.

"여긴 경주가 있는 날에는 늘 정신없지."

앤서니 롱이 말했다. 그는 주방 창문으로 누군가와 눈을 마주치고 손을 흔들었다.

"다행히 시체를 발견한 사람을 찾았어."

잠시 후, 그들 또래의 요리사 보조 한 명이 급히 문을 나와 다가오더니, 앤서니 롱을 잡아끌고 쌓여 있는 상자 그늘로 향했다. 푸석한 머리를 한 마른 남자로 결의에 가득 찬 표정을 하고 있었다. 앤서니 롱은 그에게 소액 지폐 한 장을 건네주고 말했다.

"또 보네요, 랜던. 여기 내 친구 올리버에게 아까 얘기 좀 들려줘요."

남자는 고개를 끄덕였다.

"물론이죠, 롱 씨. 전 주방에서 감자 다듬는 일을 맡고 있습니다. 오늘 아침에 두 포대를 했는데 양이 모자라서 요리장이 저더러 한 포대 더 하라고 시켰죠. 비 오는 날엔 도박꾼들이 포테이토 매시를 무진장 찾거든요. 그래서 세 번째 포대를 가지러 여기 와 보니, 바닥 한복판에 불쌍한 리암 캐넌 씨가 있지 뭡니까. 잠깐 동안은 무슨 영문인지 파악이 안 되더라고요. 제 말은, 그 양반이 머리부터 부츠 발끝까지 말짱하게 그렇게 깔끔하고 반짝거리는 승마복 차림으로 누워 있더라 그겁니다. 무슨 초상화 모델이라도 서는 것마냥. 하지만 쓰러져 있었고, 머리 각도가 영 이상했어요. 그러다가 목 저쪽에서 흘러내리는 피를 봤죠. 그만 비명을 지르고 말았지만, 부끄럽진 않습니다."

"그리고 경찰을 불렀고요?"

올리버가 물었다.

"아뇨, 그쪽에서 달려왔죠. 사실, 경찰에도 경마 팬이 많잖습니까. 주위에 널리고 널렸던 게죠. 현장을 보자마자 절 밖으로 끌어내서 얘기를 들었죠. 그러고 나니 몇 분 안 되어 무슨 버스 터미널 마냥 북적거렸고요. 리암 캐넌 씨는 이미 몸이 식어 있었고 권총도 마찬가지였는데, 전 바로 직전까지 주방에 있었으니까 경찰이 주방으로 돌아가도 좋다면서 저를 놓아주었어요. 요리장은 물론 노발대발했죠. 저더러 비명을 지르기 전에 감자 포대를 먼저 챙겼어야 했다나요. 앞으로 몇 주는 그 일로 욕 좀 먹게 생겼습니다. 그래도 리암 캐넌 씨 일은 참 안됐어요. 정말 서글서글한 사람이었는데. 보통은 경주 전에 행운의 타르트를 먹으러 식당에 들르곤 하죠. 오늘 아침엔 아니었지만.”

랜던은 슬픈 표정으로 말꼬리를 흐렸다. 앤서니 롱이 그의 어깨를 토닥였다.

“그냥 갑자기 그 생각이 나네요.”

랜던이 말했다.

“그분은 다시는 타르트를 드시러 오지 못하시겠죠. 기분 참 묘합니다.”

“늘 경주 전에는 뭘 먹으러 왔나요?”

“대부분은 그랬죠. 하지만 매번 그런 건 아니고요. 경주 때문에 초조할 때 한두 번 빼먹긴 했습니다. 일부 기수들처럼 행운의 징크스에 그렇게 집착하진 않았어요. 그래도 최소한 한 가지라도 징크스가 없는 기수는 이제껏 못 봤습니다. 솔직히 말하자면 마주들도 대부분 마찬가지예요. 결과를 자기가 통제할 수 있다고 믿고 싶어서 그러는 것 같습니다. 그래서 제가 요리를 좋아하죠. 다 이 손에 달렸거든요. 빵 굽다 말고 밀가루가 도중에 풀썩 쓰러졌다거나, 소금이 그냥 그날 컨디션이 안 좋아서 망칠 일은 없다 그 말입니다. 무슨 말인지 아시죠?”

“알고말고요, 랜던.”

앤서니 롱은 남자를 향해 미소 지었다.

“시간 내줘서 고마워요. 요리장에게 오늘 점심 양고기 요리를 우리 아버지가 칭찬하시더라고 전해주고요."

"그러죠, 롱 씨. 이만 들어가겠습니다."

남자는 서둘러 주방 안으로 들어갔다.

"흥미로운데."

올리버가 말했다. 앤서니 롱은 고개를 끄덕였다.

"그렇지. 네가 얘기를 나눠봤으면 하는 사람이 한 명 더 있어."

그들은 다시 경기장 앞쪽으로 돌아 나와 참가자들 구역으로 향했다.

걸어가는 사이 올리버에게 문득 어떤 생각이 떠올랐다.

"앤서니, 이 충격적인 결과에 마권업자들이 기뻐했겠는걸."

앤서니 롱은 한숨을 내쉬었다.

"당연히 기뻐 날뛸 판이지. 그야 물론 누구 한 명을 붙잡고 물어보면 비극적인 일이라고 하겠지만, 마권업자들은 우승 예상마가 졌을 때 돈벌이를 하는 거거든. 플라잉 더치맨 같은 낙승 후보가 상위 오 등 안에도 못 들었을 때는… 음, 그 사람들에겐 크리스마스 같은 상황이야. 예상 밖의 결과로 엄청난 돈을 딴 운 좋은 사람들 얘기는 늘 듣지만, 예상대로의 결과로 모든 당첨자들이 나눠 갖게 되는 거액에 비하면 새 발의 피야."

마구간 구역에 가까워지자 십대 후반의 차분한 소년이 그들에게 다가왔다. 소년은 전형적인 마구간 일꾼의 복장으로, 무릎 아래로는 딱 달라붙고 위로는 풍성한 짙은 바지, 두꺼운 흰 셔츠, 그리고 짙은 조끼 차림이었다.

"라미로는 여기서 플라잉 더치맨의 마주 메이슨 에이브러험 밑에서 일하고 있어."

앤서니 롱이 말했다.

"이쪽은 올리버 제임스야, 라미로. 리암 캐넌의 사망에 대해 알아보는 걸 도와주고 있어."

"누가 알아낼 수 있을까 싶은데요."

라미로가 말했다.

"하지만 할 수 있는 건 도와드릴게요."

"어젯밤 리암을 봤지?"

앤서니 롱이 물었다.

"네. 잔뜩 화가 나서 누군지 하여간 어, 총구멍을 내버리겠다고 중얼거리며 다니고 있었어요."

"무슨 일인지 혹시 알아?"

올리버가 물었다.

"편지요. 하지만 뭐라고 쓰여 있었는진 몰라요. 리암이 편지를 불에 던져버렸고, 무슨 내용인지 말 안 했거든요. 갈 때까지도 계속 욕을 했어요."

올리버는 생각에 잠겨 눈을 가늘게 떴다.

"오늘 아침 그 사람을 봤니?"

"그럼요. 근데 정말 민망했나 봐요. 아주 늦게 와서는 사람들과 거리를 두고, 에이브러험 씨에게 다른 사람들을 불안하게 해서 미안하단 사과도 건성으로 중얼거렸죠. 그 후론 아무도 그 사람을 못 봤어요. 플라잉 더치맨이 울타리로 돌아온 후에도 옆에 있어주지 않았고요. 그러더니 사라져서 자살했죠."

"아니."

올리버가 말했다.

"그 사람은 절대 자살한 게 아니야."

Hint 올리버 제임스는 어째서 그렇게 확신할까?
무슨 일이 벌어졌던 것일까?

Ⓐ 누군가 리암 캐넌이 경주를 포기하길 바랐다.

Ⓑ 우승 예상마 플라잉 더치맨은 제대로 했다면 확실히 우승할 수 있었다.

Ⓒ 요리사 보조 랜던은 리암 캐넌의 죽음과 아무 관련이 없다.

Ⓓ 마주 메이슨 에이브러험은 경주에서 큰돈을 잃었다.

Ⓔ 앤서니 롱은 올리버에게 전적으로 사실만을 말했다.

Ⓕ 경찰이 마침내 이 사건을 심각하게 받아들이게 된 계기는 주위의 피 때문이었다.

Ⓖ 리암 캐넌이 전날 밤 받은 편지는 경고문이었다.

마인드맵 추리

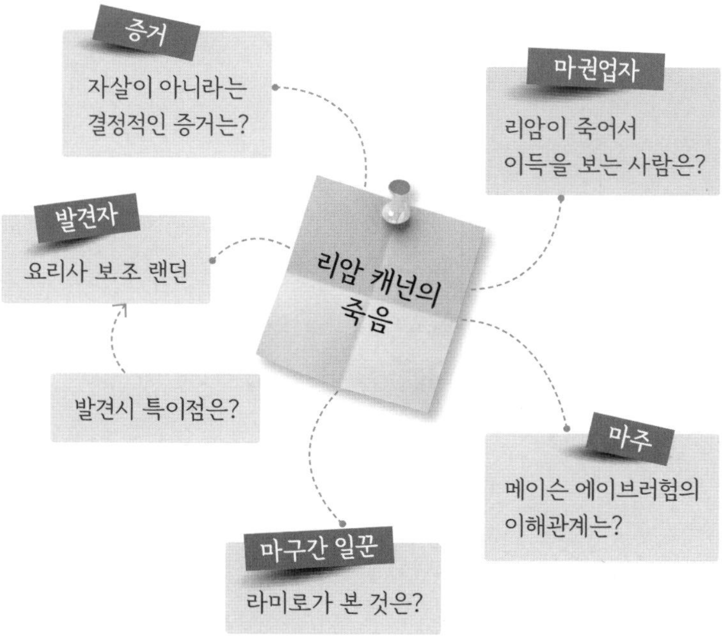
증거
자살이 아니라는 결정적인 증거는?
마권업자
리암이 죽어서 이득을 보는 사람은?
발견자
요리사 보조 랜던
리암 캐넌의 죽음
발견시 특이점은?
마주
메이슨 에이브러험의 이해관계는?
마구간 일꾼
라미로가 본 것은?

시체의 깨끗한 상태 때문에 올리버는 리암 캐넌이 경주 전 살해당한 게 틀림없다는 사실을 깨달았다. 부츠에 진흙을 묻히지 않고 그 창고 안으로 들어갈 방법은 누군가에게 들려 가는 것뿐이다. 알고 보니 조직 범죄자들이 리암에게 경주를 포기하라고 협박했지만 그는 계속 거절해왔다. 마지막 경고문까지 무시당하자 그들은 경주 전 리암 캐넌을 죽이고 시체를 감자 포대에 넣어두었다. 이후 비슷하게 생긴 대역이 아침 모임 자리에서 리암을 대신했고, 그래서 그는 가능한 한 사람들을 멀리했던 것이다. 대역은 경주를 망치고 도망쳤다.

그다음 공범자들이 리암의 시체를 창고로 가져가서 감자 포대에서 꺼낸 다음 권총과 함께 자세를 만들어놓고, 머리 상처에서 흘러나온 것처럼 돼지 피를 가져다 부었다. 불행히도, 그들은 바깥 진창을 고려하면 리암이 말쑥하기보단 지저분해야 한다는 사실을 깜박했다. 경찰이 마지못해 혈액을 분석하여 사람의 것이 아님을 발견하고 나자 제대로 수사가 시작되었고, 결국엔 조직 범죄자들과 부정직한 마권 중개업자들의 소행임이 밝혀졌다.

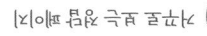

15

'불의 눈' 도난사건

The Eye of Fire

'불의 눈'은 아기 주먹만 한 크기의 눈부신 루비로, 현재 화려한 금빛 장식대 위에서 광채를 뽐내고 있었다. 윌리엄스 시장은 보석 옆에 서서 그것이 반사하는 광채를 누리며 파티에 참석한 기부자들에게 감사 인사를 하고 있었다. 불의 눈은 유명 보석 컬렉션에서 임대해 온 것으로, 이것을 빌려오기 위해 시장이 얼마나 연줄을 동원했을까 생각하면 밀러 양은 기가 질렸다.

대다수 참석자들과 마찬가지로, 밀러 양도 보석에 끌려 이벤트에 왔다. 하지만 다른 사람들과는 달리 그녀는 보석을 넋 놓고 구경하는 데엔 흥미가 없었고 무엇보다 정치에는 더더욱 관심이 없었다. 대담한 도둑이 시장을 대대적으로 망신 줄 의도로 보석을 훔쳐갈 예정이라는 소문이 친구의 친구의 사촌이 얘기하더라는 식으로 돌았기 때문에 이곳에 온 것이었다. 그렇다면 미스터리를 좋아하는 자신이 확실히 참석할 만한 가치가 있다고 여겼기 때문이다.

그래서 밀러 양이 지금 여기 행사장에 서 있게 되었다. 밀러 양은 예의바른 웨이터에게서 근사한 홍차를 받아 든 다음 무대가 잘 보이는 테이블에 자리를 잡았다. 행사 자체는 별거 아니었고 그야말로 지루했다. 한껏 거드름을 피우는 사람들이 줄줄이 무대에 올라 자기들이 얼마나 훌륭한지 얘기한 다음, 시장의

지혜로움과 혜안, 끈기, 신심, 책임감, 분별력, 솔직함 등등을 칭송했다. 신발 사이즈까지도 칭찬할 기세였다. 밀러 양은 귀담아듣지 않으려 애쓰며, 대신 참석자들을 관찰하고 그들을 파악해 보려 했다.

예를 들자면 파란색 가는 줄무늬 정장 차림의 남자가 있었다. 173센티미터의 키로, 사업가 또는 유한계급 신사로 보이려고 애쓰고 있었지만 떡 벌어진 어깨와 탄탄한 팔은 육체 작업을 하는 사람임을 알려주었다. 열병식으로 단련되었을 법한 완벽한 자세는 확실히 군 출신이라는 표시가 났다. 짧게 깎은 머리와 말끔하게 면도한 턱을 보면 아직도 복무 중일 듯했다. 희끗희끗한 새치로 보건대 꽤 나이가 있을 것으로 짐작이 되었고, 이 행사에 참석했으니 장교, 그리고 상대적으로 가격대가 낮은 구두를 보면 십중팔구 위관급(초급 장교)이라 여겨졌다.

물빛 옷차림의 놀랄 만큼 키가 큰 젊은 아가씨는 또 다른 흥미로운 관찰 대상이었다. 키는 183센티미터는 되었고, 얼굴 대부분을 가리고 있는 구불거리며 길게 흘러내리는 금발과 최신 유행의 드레스로 인해 남자들의 관심 대상이 되었다. 그러나 핸드백은 유별나게 커서 확실히 패션 코드와 맞지 않았다. 그녀는 또한 8센티미터 높이 하이힐을 신었음에도 드물게 절도 있고 우아한 동작으로 돌아다녔으며, 몸에 딱 달라붙는 드레스 덕에 운동선수 같은 체격이 드러났다. 전체적으로, 밀러 양에겐 가벼운 사교계 아가씨인 척하는 곡예사로밖엔 안 보였다.

그리고 검은 머리에 녹색 눈의 웨이터가 있었는데, 재킷 왼쪽 아래가 유난히 불룩했다. 얼핏 보기엔 다른 웨이터들과 마찬가지로 손님들을 상대로 일하고 있는 것처럼 보였으나, 쟁반을 들거나 음료수를 나르지는 않는 것 같았다. 대신 그는 대부분의 시간을 완전히 무표정한 표정으로 방 안을 훑어보고 있었다. 틀림없이 보안요원일 것이다. 시장 쪽 사람일까, 아니면 다른 목적으로 경비를 서고 있는 걸까? 전자가 좀 더 그럴싸해 보였지만 밀러 양에게는 그런 걸 물어볼 지인이 이 홀 안에는 없었다. 물빛 드레스의 여자와 비슷하게 183센티미터 정도인 그 남자는 유머 감각이라고는 태어날 때부터 제거된 타입처럼 보였다.

딱히 메이드나 청소부는 눈에 띄지 않았지만, 이따금 요리사 보조가 와서 카나페를 새로 갖다놓거나 사용한 접시를 치웠다. 보조가 여러 명이었고 다들 똑같이 눈부신 하얀 윗옷에 모자 차림이었다. 다들 경직된 표정이 셰프의 엄격함을 짐작케 했다. 특히 그중 한 명, 168센티미터 정도 키의 수수한 젊은 여자는 행사장에 들어설 때마다 울음을 터트리기 직전인 것 같았다.

마침내 손님들은 편안하게 자리를 잡았고 시장이 무대를 차지했다. 열렬한 박수가 그를 맞이했다. 샴페인이 저녁 내내 인심 후하게 돌았기에 손님들은 마음이 너그러워져 있었다. 대세를 거스르는 법이 없는 시장은 자신의 훌륭함을 과시하는 일화들을 늘어놓기 시작했다.

그때 갑자기 불이 나갔다.

숨 들이키는 소리와 꺄악거리는 비명이 몇 군데서 났고, 행사장은 온통 혼란 속으로 빠져들었다. 유리 깨지는 소리가 요란하자 여자들 몇 명이 더 비명을 질렀다. 문이 쾅쾅 닫혔다. 비명소리가 커졌는데, 그중 하나는 고통의 울부짖음이었다.

"조용히."

누가 명령조로 고함쳤다. 소란이 잦아들자, 말한 사람이 덧붙였다.

"모두들, 지금 있는 자리에서 움직이지 마시오."

잠시 후, 조명이 깜박거리며 다시 켜졌다. 시장 쪽 사람들이 분주히 움직이는 듯했다. 행사장 여기저기서 숨 들이키는 소리가 났다. 사람들이 속삭여대기 시작하자, 아까 밀러 양이 미리 관찰해놨던 가짜 웨이터가 무대 위에 올라서더니 권총과 경찰

배지를 휘둘렀다.

"아무도 움직이지 마세요."

그가 말했다.

밀러 양은 기대감에 찬 정적을 틈타 주위를 둘러보았다. 불의 눈은 물론 사라지고 없었다. 물빛 옷차림의 여자도 마찬가지였다. 그녀만 그런 게 아니라 여러 명이 불이 꺼지자마자 도망친 게 분명했지만 그녀를 가장 쉽게 알아챌 수 있었다. 경찰 역시 그녀의 부재를 알아챘다. 말은 하지 않았지만 얼굴이 일그러지고 어깨가 처졌다.

하지만 유리가 깨지고 다시 불이 들어오기까지 그 짧은 시간 동안 무대에서 문까지 갔다고 보기엔 너무나 먼 거리였다. 설령 곡예사라고 해도 말이다.

밀러 양은 무대 쪽을 곰곰이 쳐다보았다. 깜깜한 암흑 속에서 빈 자리에 슬쩍 앉는 건 들킬 위험이 큰 도박일 것이다. 적어도 주위에 있던 사람들은 알아챌 테니까. 흠, 그런데 서 있는 사람들은 몇 명 안 되었다. 시장과 그 비서도 무대 위에 경악

한 표정으로 서 있었다. 시장은 아마 앞날이 무너져 내리는 기분일 것이다. 경찰도 그 옆에 함께 있었는데 체념한 듯한, 거의 포기해버린 얼굴이었다.

그밖에 우선 장교로 추정되는 이가 무대에서 몇 발짝 떨어진 곳에 서 있었다. 그는 마치 의지력 하나만으로 도둑맞은 루비를 찾아낼 수 있기라도 한 듯이 격분한 표정으로 집중하여 행사장을 둘러보았다. 다행히도 덕분에 행사장 질서 유지에 도움이 되었다. 만약 누가 어색함에 몸을 달싹거리기라도 하면 그는 무시무시한 눈길로 그 사람을 자리에 못 박았다. 장교로 추정되는 이가 밀러 양에게도 같은 방법을 쓰려고 하자, 그녀는 상냥하게 미소 지어 보였다. 그는 즉시 안색이 약간 창백해지더니 다른 곳으로 시선을 돌렸다.

짙은 회색 드레스 차림의 날씬한 여자 역시 서 있었다. 자세를 보면 근처 테이블에 있는 사람과 얘기하고 있는 것처럼 보였지만, 주변 사람들은 아무도 그녀에게 딱히 관심을 기울이지 않고 있었다. 약 172센티미터로 여자 평균보다는 조금 컸지만, 그 외엔 거의 눈에 띄지 않았다. 중간 길이의 뭐라 말할 수 없는 흐릿한 색깔의 머리칼, 단정하지만 튀진 않는 옷차림, 남자들의 넋을 빼놓을 일은 없을 수수한 얼굴, 거의 굽이 없는 구두. 모든 것이 안전과 편안함을 지향하는 성격을 드러내고 있었다.

또한 작은 음료 바 근처에도 남자 두 명이 서 있었다. 가까이 있긴 했지만 서로 친해 보이지는 않았다. 한 명은 이십대 정도로, 샴페인을 좀 과하게 마신 게 분명했다. 그는 넥타이를 느슨하게 하고 재킷 단추를 풀었으며, 178센티미터의 몸을 약간씩 비틀거리며 가끔 눈을 껌벅거렸다. 졸업 반지를 보니 대학 교육을 받았고, 옷선으로 미루어 보아 부유하고 명망 있는 집안 출신이었다. 머리 길이와 모양새에서 망가져가는 징조가 느껴졌지만, 팔꿈치를 문지르고 있는 손놀림은 민첩해 보였다.

다른 남자는 좀 더 나이가 있고 훨씬 덜 분방해 보였다. 그의 영혼은 입은 셔츠만큼이나 단단히 단추를 채운 느낌이었다. 옆에 선 젊은이보다 5~7센티미터 정도 작았고, 뻣뻣한 자세는 강한 못마땅함을 드러냈다. 홀쭉한 뺨에 얇은 입술, 큰 눈을 한 그 마른 남자는 사제나 뭐 그런 부류일 거라는 인상을 주었다. 숨을 들이쉴 때마다 코를 벌름거렸다. 옷차림은 태도만큼이나 엄숙했으며, 개성이나 장식적인 면에서 어긋남 하나 없이 모든 격식을 정확하게 차렸다. 만약 정말 성직자라면, 이 파티에서 열띤 설교 소재를 잔뜩 얻었으리라. 하지만 왜 음료 바 코너에 서 있을까?

두 남자의 맞은편 벽에는 깡마른 젊은 요리사 보조가 벽에 기대어 서 있었다. 그는 다른 조수들과 같은 복장이었고, 역시 근심스런 표정이었다. 밀러 양이 보기에 그의 신발은 납작한 갈색 종류 같았다. 분명히 주방에 늦게 돌아갔다가는 셰프의 눈에 크게 책잡히는 모양이었다. 모자 아래 삐져나온 검은 머리칼 역시 셰프에게 잘 보이는 데 도움이 되진 않을 듯했다. 물론 단정

짓기는 어려웠지만, 사제로 여겨지는 사람보다 2.5센티미터쯤 커 보였다. 밀러 양은 그에게 미소를 지어 보이려 했지만 상대가 도무지 고개를 들 생각을 하지 않았다.

문에서 제일 가까운 곳에 서 있는 사람은 앞치마를 두른 어려 보이는 메이드였다. 그녀는 쓰레받기와 빗자루를 꼭 쥐고 불안한 눈길을 이리저리 돌리고 있었다. 갈색머리는 뒤로 바싹 넘겨 목덜미에 동그랗게 쪽을 졌다. 지적인 회색 눈에는 근심이 가득했다. 키는 170센티미터로 크게 두드러지지 않았지만, 광대뼈를 보면 어느 정도 미모의 여인으로 성숙할 가능성이 보였다. 밀러 양은 내심 혀를 찼다. 인생은 때로 예쁜 메이드에게

쉽지 않을 수 있으니까. 하지만 지금 당면한 문제는 그게 아니었다.

밀러 양은 다시 실내를 둘러보았고, 결단을 내렸다. 그녀는 일어서서 장교의 항의를 무시하고 빠른 발걸음으로 무대 앞으로 향했다. 경찰이 시장을 쳐다보자, 시장은 고개를 끄덕였고 그 얼굴에 잠시 희망이 스쳤다.

"무슨 일이십니까?"

경찰이 물었다.

"음."

밀러 양은 조용히 말했다.

"도둑이 아직 이 안에 있는 게 거의 확실해요. 제일 먼저 누굴 조사해야 할지 말씀드릴 수 있어요."

Hint 메리 밀러가 의심하는 사람은 누구이며, 이유는 무엇일까?

Ⓐ 도둑은 변장의 귀재다.

Ⓑ 도둑은 조명이 나가게끔 미리 준비했다.

Ⓒ 조명은 도둑이 예상했던 것보다 훨씬 빨리 들어왔다.

Ⓓ 장교는 도둑 일당이 아니다.

Ⓔ 도둑은 물빛 옷의 여자였다.

Ⓕ 조명에 미리 손을 봐두었을 뿐만 아니라, 도둑은 유용한 변장 도구를 행사장에 먼저 숨겨두었다.

Ⓖ 도둑은 아직 그 행사장 안에 있다.

	특이사항
윌리엄스 시장	
예의바른 웨이터	
파란색 가는 줄무늬 정장 차림의 남자	
물빛 옷차림의 놀랄 만큼 키가 큰 젊은 아가씨	
요리사 보조들	
시장 비서	
짙은 회색 드레스 차림의 날씬한 여자	
이십대 청년	
성직자 같은 남자	
앞치마를 두른 메이드	

양은 사람들의 키를 살피기 시작했다. 도둑이 아직 현장에 있으며 앉아 있지 않으리라는 추정에 상당한 확신을 가지고, 그녀는 서 있는 사람들을 모조리 확인했다. 요리사 보조만이 사라진 여자와 맞는 키였다.

도둑은 요리사 보조이며, 키 때문에 들통 났다. 밀러 양은 물빛 옷을 입은 여인의 얼굴을 제대로 보지 못했기에 그녀의 이목구비가 양성적이고 인상에 남지 않는다는 사실을 알아채지 못했다. 선명한 립스틱과 풍성한 금발 덕분에 다른 사람들도 대부분 알아채지 못했다.

조명이 꺼지자마자, 도둑은 무대로 돌진하며 소매로 립스틱을 닦아냈다. 그러곤 보석을 핸드백 속에 들어 있던 요리사 모자 안에 집어넣었다. 모자에는 이미 앞뒤로 약간의 가짜 흑발을 붙여 준비해놓았다. 그녀는 모자를 쓰고 무대에서 뛰어내려 요리사 보조 옷을 감춰둔 화분으로 향했다. 드레스 위에 요리사 보조 옷을 겹쳐 입고 그녀는 핸드백에서 굽 없는 신발을 꺼낸 다음, 가발과 하이힐을 가방에 넣어버리고 신발을 신으며 문으로 향했다. 하지만 조명이 들어오자마자 도둑은 큰일 났다는 것을 깨달았다. 그녀는 벽에 기대서서 진짜 요리사 보조처럼 보이려 애썼다.

물빛 옷차림의 여자가 8센티미터 높이의 하이힐을 신고 있으며 키가 183센티미터라는 것을 이전에 알아챘기에, 밀러 양은 이미 그녀의 진짜 키가 175센티미터로, 여자치곤 크지만 엄청날 정도는 아님을 짚어냈다. 조명이 다시 들어오고 도둑이 아직 행사장에 있다는 의심이 들자마자, 밀러

16

크록베일 남성 클럽의 살인

The Club

크록베일은 시내에서 가장 인기 있는 남성 전용 클럽으로, 흥청망청 즐기는 곳이라는 소문이 자자했다. 보안은 늘 철저했지만 그래도 이따금 소문이 흘러나오는 것까지 막을 순 없었다. 모든 상황을 고려해 파나키 경감은 클럽 연간 게임 주간인 토요일 저녁에 도난 사건이 벌어졌다는 소식에 그렇게 놀라지 않았다.

크리스토퍼 브리튼은 귀족 자제로 크록베일 클럽 운영회를 이끄는 이들 중 한 명이었다. 그는 오후 다섯 시 삼십 분경 화장실 칸 안에서 의식을 잃은 채 발견되었다. 경찰의 초기 판단으로는 벽에 머리를 부딪친 것으로 추정되었다. 하지만 크리스토퍼 브리튼이 늘 갖고 다니는 서류가방이 없어졌기에 의도적인 폭행 사건일 가능성도 높았다.

일단 클럽에 도착하자 파나키 경감은 제일 먼저 크리스토퍼 브리튼의 제일 친한 친구이자 역시 운영회에 소속되어 있는 레이 스미스와 이야기를 나누었다. 키가 크고 안경을 낀 오십대 초반의 레이 스미스는 걱정으로 제정신이 아니었다.

"크리스토퍼의 의식이 아직 돌아오지 않았습니다."

그가 파나키 경감에게 말했다.

"그를 발견한 지 세 시간, 마지막으로 목격한 지 다섯 시간이 지났어요. 의사들도 정말 염려하는 것 같아요. 살아날 수 있을지 확신하지 못하더군요."

"서류가방을 도둑맞았다고요?"

"맞습니다. 오늘 오후 늦게 개인 토너먼트전 우승자에게 시상을 할 계획이라 꽤 특별한 상품을 준비했죠. 주사위 모양으로

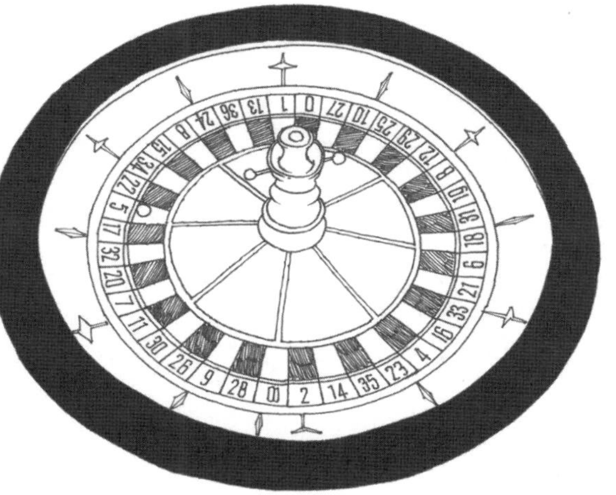

깎은 준보석 세트예요. 두 시에 보안 배달원이 가져왔죠. 금 세팅을 하진 않았어도 무척 값진 겁니다."

"거기에 대해 아는 사람이 더 있습니까?"

"토너먼트요? 물론이죠. 하지만 크리스토퍼와 저 외에는 배달이 온 걸 아무도 몰라요."

"운영회 내부 사람들은요?"

레이 스미스는 약간 놀란 듯했다.

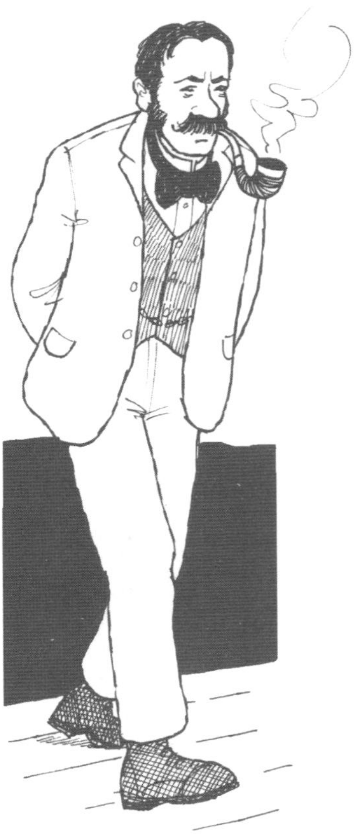

"크리스토퍼와 전 바에서 다른 회원들과 점심을 먹었습니다. 그때 잠깐 논의했죠. 하지만…."

그가 말끝을 흐렸다.

"누가 우연히 들었을 수 있을까요?"

"아뇨. 우린 그런 쪽으로는 꽤 조심했거든요."

파나키 경감은 고개를 끄덕였다.

"그럼 점심 일행 분들 명단을 알려주셔야겠습니다. 오늘 하루 다들 동선은 어떠셨습니까?"

"명단은 물론 드려야죠. 크리스토퍼는 오늘 오전 열한 시에 게임 대회 시작을 선언했죠. 운영회 전원이 모였고요. 그다음엔 갈라졌습니다. 오늘은 여러 가지 게임이 진행되어서 회원들은 그 게임들 사이를 오갔어요. 다들 바 근처에 배치되어 있습니다. 계획으로는 다섯 시 반에서 일곱 시 사이에 휴식과 식사 시간을 갖고, 저녁에 다시 게임을 이어가는 거였죠. 저는 게임 대회 시작 후 크리스토퍼를 도와 클럽 일을 몇 가지 처리한 다음, 바에서 만나 열두 시 반에서 한 시까지 점심을 들었습니다. 그 후 저만 크리스토퍼 곁에 남아서 한 시간 반 동안 사람들을 만났고, 두 시에 상품을 수령했습니다. 세 시 반에 러시안 휘스트 게임을 하러 잠시 크리스토퍼와 헤어졌고요. 그게 제가 마지막으로 그 친구를 본 시간입니다."

말하면서 레이 스미스는 종이 위에 이름과 방 번호를 여럿 써내려갔다.

"이게 위층에 저희 일행들이 있는 객실 번호입니다. 다들 방에 있으라고 말해뒀습니다."

"고맙습니다."

파나키 경감이 말했다.

"제가 면담을 진행하는 사이 혹시 크리스토퍼 브리튼 씨가 깨어나거든 즉시 알려주십시오."

"당연하죠."

명단에 있는 첫 번째 사람은 로저 조젠슨으로, 미소를 잘 짓고 머리를 수시로 손가락으로 빗어 넘기는 습관이 있는 사십대 남자였다.

“개인 토너먼트 게임에서 제 첫 번째 판이 두 시 십오 분이었습니다.”

“뭐라고요?”

파나키 경감이 물었다.

“아, 죄송합니다. 클럽에서 오늘 다른 게임들 외에도 개인 토너먼트가 진행 중이거든요. 모든 참가자들은 각자 정해진 시간이 있습니다. 상품이 제법 괜찮고, 최종 우승자에게는 여러 가지 특권이 따르다 보니 다들 좀 긴장을 했죠. 저는 두 시 십오 분이었습니다.”

“어땠습니까?”

“전 다음 단계에 진출 못했습니다.”

로저 조젠슨이 말했다.

“내년엔 좀 더 운이 좋길 바라겠습니다. 오늘 그 외엔 뭘 하셨죠?”

“음, 오전에는 룰렛을 해봤죠. 그게 제가 크리스토퍼와 점심을 먹으러 갈 시간에 맞춰 끝났고요. 그런 다음 엘리엇과 전 라이어스 다이스를 했고요. 전 거기 한 시간쯤 있었지만 엘리엇은 저보다 먼저 빠졌습니다. 웨슬리가 제 자리를 이어받았고, 전 다시 바로 가서 제 개인전을 대비해 긴장을 풀 겸 한 잔 하면서 십오 분을 보냈죠. 개인 토너먼트가 끝난 다음, 러시안 휘스트를 해봤습니다. 한 시간 반쯤 하다가, 블랙잭 게임을 하려고 일어났죠. 반시간쯤 하고 거기서 포커 룸으로 갔고요. 더스틴이 이미 거기 있기에, 그게 다섯 시 반에 끝났을 때 같이 방으로 올라갔어요. 그 정도입니다."

제이 리히터는 로저 조젠슨보다 몇 살 젊었다. 아주 깔끔하게 차려입었고, 좀 수선을 떠는 경향이 있었다.

"오전 중엔 포커 룸에 있었습니다."

그가 파나키 경감에게 말했다.

"엘리엇이 저와 함께 거기에 사십오 분 동안 있다가 자기 개인전 차례가 와서 나갔어요. 크리스토퍼와 점심을 먹고 나서 전 더스틴과 바에 반시간 정도 남아서 고민 몇 가지를 들어줬죠. 더스틴은 일어나서 엘리엇이 진러미를 하고 있는 곳에 꼈지만, 제 개인전 차례까지 십오 분밖에 남지 않아서 전 그냥 거기 남아서 바텐더 대니얼과 잡담을 했습니다. 대니얼은 정오부터 다섯 시 반까지 계속 근무하고 있었고요. 제 개인전이 러시안 휘스트 시작 시간에 딱 맞춰 끝나서 거기 껴서 삼십 분 동안 하다가, 블랙잭이 시작되기에 일어섰죠. 제 특기거든요. 그게 두 시간가량 이어졌고, 그다음 반시간은 해저드에 손을 대봤죠. 엘리엇도 거기에 있었고요. 그게 끝난 다음 저는 다시 바에 갔습니다. 웨슬리가 있었고, 대니얼이 바 근무를 마칠 때까지 삼십 분 동안 같이 있었습니다."

더스틴 홀브룩은 이십대 후반으로 머리와 옷차림은 엉망이었지만 사람은 좋아 보였다.

“처음 한 시간은 룰렛을 했어요. 로저와 웨슬리도 거기 있었지만 웨슬리는 반시간쯤 후에 일어섰죠. 저는 조용히 생각을 좀 하려고 삼십 분 먼저 바 쪽으로 갔습니다. 점심 먹고 나서 잠깐 남아서 제이와 얘기를 했죠. 그다음엔 엘리엇과 같이 한 시간 반 동안 진러미를 했고요. 우리는 같이 일어섰고, 전 포커 룸으로 갔어요. 하지만 제 개인전 차례가 다가오고 있고 그전에 스카치 한 잔이 하고 싶어서 거기엔 삼십 분만 있었죠. 세 시 반에 바에 갔더니 엘리엇과 웨슬리도 거기 있더군요. 엘리엇은 저와 마찬가지로 세 시 사십오 분에 바에서 나왔어요. 저는 개인 토너먼트를 하러 갔고, 이겼죠! 이차전은 일곱 시에 시작 예정이었지만 이제 어찌 될지 모르겠네요. 아마 올해는 취소해야 하겠죠. 개인전 후, 저는 다시 포커 룸으로 갔어요. 로저가 와서 반 시간 정도 함께 있다가 방으로 올라왔습니다.”

엘리엇 그레이슨은 삼십대 중반이었다. 짧은 머리와 꼿꼿한 자세에서 한때 군대에 있었음을 알 수 있었다.

“제 개인전 차례는 앞쪽이었습니다. 그나마 그 빌어먹을 것을 일찍 해치우긴 했지만 잘하진 못했죠. 아무튼 저는 제이와 함께 포커 룸에서부터 시작했습니다. 제 개인전은 사십오 분 후였죠. 그게 끝난 다음 저는 바에 갔어요. 더스틴이 거기 있었긴 한데 누나 일로 생각을 좀 해야 한대서 저는 바텐더와 잠깐 잡담을 나눴죠. 크리스토퍼와 점심을 먹은 후, 라이어스 다이스를 반시간 하고, 더스틴과 만나 진러미를 한 시간 반 했습니다. 더스틴은 어딘가 가버리고, 저는 어쩌다 보니 블랙잭을 반시간 했죠. 바에서 십오 분 동안 한 잔 한 다음 해저드 게임을 했는데 그게 한 시간쯤 걸렸군요. 다섯 시 반까지는 아직 삼십 분쯤 남아서 잠깐 러시안 휘스트 막판에 꼈지요. 빌어먹을 게임이에요, 그게. 바에서 나오는 웨슬리와 제이하고 맞닥뜨려서 같이 방으로 올라왔습니다."

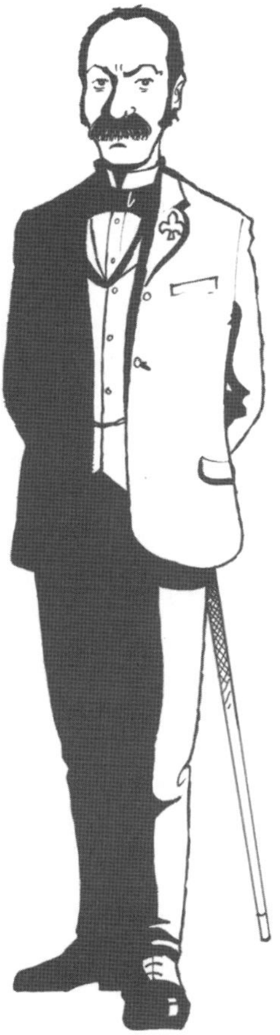

웨슬리 맥더못은 말투가 부드러웠지만 살짝 머뭇거렸다.

"정신없는 하루를 보냈네요."

그가 파나키 경감에게 말했다.

"오전 열한 시에 게임이 시작되었을 때 로저, 더스틴과 함께 룰렛을 했지만 반시간 정도뿐이었어요. 진러미를 하고 싶었거든요. 그게 점심시간까지 갔죠. 그다음에는 포커 룸에서 한 시간 있었고 라이어스 다이스를 반시간 했습니다. 블랙잭 판이 열렸을 때 거기서 사십오 분 동안 게임을 하다가 끝내고 바에 갔고요. 바에 사십오 분 동안 있었고, 중간에 십오 분은 엘리엇과 더스틴과 함께였죠. 그 친구들은 개인전 차례가 된 참이었어요. 저는 러시안 휘스트를 한 십오 분 정도 둘러보고 그다음 해저드 판에 삼십 분 있었죠. 엘리엇도 거기 있었고요. 그러고 나니 제 개인전 차례가 돌아오더군요. 전 완전히 망했고 마지막 반시간은 바에서 보냈습니다. 제이가 이미 와 있었고요. 나오는 길에 엘리엇과 만나 같이 방으로 올라왔지요."

파나키 경감이 바 쪽으로 향하는 참에 레이 스미스가 아주 창백한 얼굴을 하고 허겁지겁 따라왔다.

"최악의 소식입니다, 경감님. 크리스토퍼가 세상을 떠났어요."

"유감입니다."

파나키 경감이 그에게 말했다.

"살인자를 잡아 정의의 심판을 받도록 모든 가능한 방법을 동원하겠습니다. 점심을 함께한 일행 중 한 명이 살인을 저지를 기회가 있었으니, 우선은 그 사람들에게 수사의 초점을 집중하면서 모든 단서를 철저히 확인하겠습니다."

Hint 누구에게 보석을 훔칠 시간이 있었고, 언제였을까?

Ⓐ 바텐더 대니얼은 정오에 바 근무를 시작하고 오후 다섯 시 반에 끝냈다. 그의 가늠으로는 그날 영업시간의 거의 60퍼센트 동안에 다섯 명의 점심 손님 중 한 명 이상이 거기 있었다.

Ⓑ 룰렛은 열한 시부터 열두 시 삼십 분까지 진행되었다.

Ⓒ 포커 룸은 게임 대회를 시작한 열한 시부터 다섯 시 삼십 분까지 하루 종일 붐볐다.

Ⓓ 블랙잭은 두 시 삼십 분부터 네 시 삼십 분까지 진행되었다.

Ⓔ 러시안 휘스트는 두 시부터 다섯 시 삼십 분까지 진행되었다.

Ⓕ 라이어스 다이스는 열두 시 삼십 분부터 두 시 삼십 분 사이였다.

Ⓖ 해저드 게임은 네 시부터 다섯 시까지 진행되었다.

Ⓗ 진러미는 열한 시 반부터 세 시까지 진행되었다.

Ⓘ 개인 토너먼트는 십오 분이 걸린다. 더스틴 홀브룩만 이겨서 다음 라운드에 진출했다.

	특이사항
로저 조젠슨	
제이 리히터	
더스틴 홀브룩	
엘리엇 그레이슨	
웨슬리 맥더못	

엘리엇 그레이슨에게 기회가 있었다. 그는 블랙잭 테이블을 세 시 삼십 분에 떠나서 바에 십오 분 간 있었고, 더스틴 홀브룩과 마찬가지로 세 시 사십오 분에 바를 나섰다. 엘리엇은 그다음 해저드 게임에 끼었고 이건 네 시에 시작했다. 이는 세 시 사십오 분부터 네 시 사이에 그의 행적이 불분명하다는 뜻이다.

크리스토퍼 브리튼의 죽음이라는 현실에 맞닥뜨리자, 엘리엇 그레이슨은 전부 자백했다. 그는 화장실에 혼자 있는 크리스토퍼 브리튼을 발견하고 살금살금 뒤에서 다가가 머리를 벽으로 밀어붙여 기절시켰다. 크리스토퍼 브리튼이 자신을 지목하지 못하리라고 확신하고 보석 케이스를 훔쳐 나중에 저녁 때 가져가려고 붐비는 포커 룸의 인적 없는 구석 테이블 아래 숨겨놓았다.

엘리엇 그레이슨은 정말로 피해자를 해칠 마음은 없었지만, 대다수 사람들과 마찬가지로 기절시킬 만큼 세게 충격을 가하면 상대가 중상을 입을 수도 있다는 사실을 미처 깨닫지 못했다.

17

그랜드 호텔 스위트룸 16호실

The Grand Hotel

고급 호텔에는 뭔가 특유의 불쾌한 구석이 있다고 파나키 경감은 생각했다. 밋밋하고, 과하게 화려하지만 다 똑같은 면 때문에 현실 밖에 존재하는 듯한 경향이 있었다. 분명히 그런 환경에서 최악의 범죄가 벌어지는 듯했다. 그 거품에 둘러싸인 듯한 단절 상태로 인해 사람들이 죗값을 치르지 않고 무사히 넘어갈 수 있으리라 여기게 되는 걸까? 아니면 오랫동안 그 나른한 호화스러움에 노출되다 보면 자기가 신 같은 존재라고 생각하게 되는 걸까?

파나키 경감은 한숨을 내쉬었다. 이런 반짝반짝거리는 곳에서 지낼 형편이 되는 사람들은 일반 대중에 비해 비인간화되는 듯 느껴졌다.

어쨌든 간에, 그랜드 호텔은 아주 전형적인 고급 호텔이었다. 두터운 카펫과 화려한 금박의 금속 구조가 그림, 동상, 꽃, 프레스코화로 꾸며져 더욱 돋보였다. 자아도취에 빠진 것이 분명한 손님들이 모피를 휘감고 직원들을 거느리고 로비를 돌아다녔다. 흰 셔츠, 구두와 장갑, 하늘색 재킷과 넥타이, 허리 장식띠, 바지, 테 없는 둥근 모자 등 호텔 제복 차림의 직원들이 사방팔방으로 뛰어다녔다.

브레이든 스몰우드는 운송업으로 돈을 벌었다. 비교적 젊은 나이에 아버지의 재산과 사업을 물려받은 후 그는 철도와 선박 쪽으로 관심을 돌렸다. 그리고 높은 가격과 형편없는 서비스, 직원들에 대한 푸대접을 훌륭하게 결합시켜 금세 부유한 지역 거물이 되었다. 그의 회사 다음으로 큰 경쟁사 네 곳을 합한 것보다 더 많은 사망사고를 냈지만 그 부담감을 짊어지는 것이 전혀 버겁지 않아 보였다.

분개한 적들이 수없이 생겼지만 돈이 있으면 가난한 자들한테서의 보호를, 부자에게서는 용서를 사들일 수 있었다. 때로 불운한 부모나 형제 또는 자식이 그에게 진흙이나 욕설을 던질 때도 있었지만 브레이든 스몰우드는 눈썹 하나 까딱하지 않았다. 결과적으로, 공격한 사람은 법정으로 끌려갔고 오랫동안 수감 생활을 하게 될 뿐이었다.

이제 누군가 결국 그 남자를 붙잡아 불만을 유난히 격렬하게 표현한 모양이었다. 파나키 경감은 열성적인 벨보이들을 쫓아

내며 로비를 지나 윗층으로 올라갔다.

브레이든 스몰우드는 경관들이 문을 지키는 16호실에 있었다. 커다란 스위트룸은 호텔의 다른 부분과 같은 스타일로 꾸며졌다. 대형 사주식 침대가 방 하나를 차지했고, 두 번째 방은 장식이 많지만 편안한 응접실로 불이 타고 있는 벽난로 옆에 안락의자 두 개, 이인용 긴 의자, 그리고 벽 가에는 멋진 소파가 있었다. 커다란 창문들 덕분에 스위트룸은 전체적으로 환하고 상쾌한 기분이 들었다.

시체는 상반신이 벌거벗겨진 채 안락의자에 있었다. 가위가 한쪽 눈에 꽂혀 있었지만, 엉망이 된 가슴 부분을 보아하니 그걸로 반복해서 찔러대기도 했던 모양이었다. 브레이든 스몰우드의 수트케이스 두 개는 급히 뒤진 흔적이 있었고 내용물이

온 방 안에 흐트러져 있었다. 벽난로 받침쇠에 걸린 타다 남은 흰 소매 조각을 보면 최소한 셔츠 한 벌은 벽난로로 들어간 모양이었다. 더 큰 불이 나지 않은 게 다행이었다.

파나키 경감은 생각에 잠겨 스위트룸 안을 서성이며 첫 번째 면담자를 기다렸다. 흐트러진 수트케이스 내용물과 시체 주위의 피를 제외하면 아무것도 어지럽혀지지 않은 듯했다. 침실이나 욕실에는 개인적인 물품이 전혀 없어서, 브레이든 스몰우드가 투숙한 지 얼마 안 되었음을 알 수 있었다. 응접실 테이블 위에는 커피 한 주전자, 샌드위치 한 접시와 과일 그릇이 커다란 샴페인 한 병과 유리잔 두 개와 함께 놓여 있었다.

노크 소리가 나고 메이드 앨리슨 패리스가 도착했다고 경관이 알렸다. 휘둥그런 눈을 한 이십대 초반의 여자로, 파나키 경감은 그녀를 호텔 측에서 적극적으로 내준 맞은편 스위트룸으로 안내했다. 아래층 직원들과 마찬가지로 그녀의 복장은 파란색과 흰색이었지만 살짝 흐트러진 모양이었고 그 위에 하얀 앞치마를 둘렀다.

"오늘 오후 도착한 스몰우드 씨의 접객을 맡았다고 알고 있습니다만…."

일단 소개를 마치고 파나키 경감이 그녀에게 말했다.

"네, 경감님."

앨리슨 패리스가 긴장한 티가 역력한 투로 말했다.

"순서대로 죽 얘기해주면 좋겠군요."

파나키 경감은 친절하게 미소 지었다.

"물론이죠, 경감님."

파나키 경감은 격려의 의미로 고개를 끄덕였다.

"아, 저기, 루실이 저한테 16호실에 베개 문제가 있다고 여기 올라와서 무슨 일인지 알아보라고 그랬어요. 아, 루실은 오후 근무 플로어 매니저인데 상당히 엄한 사람이라, 전 당연히 기분을 거스르지 않으려고 당장에 올라갔죠. 그래서 16호실 문을 노크하니 손님이 들어오라고 그러셔서, 짜증스럽게요, 그래서 제가 들어갔죠. 당연히 제가 짜증스럽게 들어갔단 얘기는 아니고요, 그러면 예의 없는 짓인데 저희는 절대 그래선 안 되거든요, 그랜드 호텔에서는 손님들을 편안하게 해드리는 게 진짜 중요하니까요."

그녀는 크게 심호흡을 했다.

"그래서 방에 들어가니까 손님이 베개를 들고 응접실과 침실 사이 문간에 서 계셨는데, 그게 폭 끌어안거나 그런 게 아니라 무슨 나쁜 냄새라도 나는 것처럼 팔을 멀찍이 뻗어서 들고 계셨고, 얼굴은 무슨 모욕당한 표정이시더라고요. 그렇게 미리 꼬장꼬장하게 주문한 커피와 샌드위치는 보아하니 손도 안 댔고, 아니나 다를까 '이게 더럽다'고 하시기에 처음 딱 든 생각은 제가 두 시간 전에 직접 갖다놓은 거고 절대 더러운 베개는 놓지 않는다고 말할까 싶었는데, 고객과 말씨름하면 안 되는 거 아니까 물론 그냥 사과하고 즉시 새 걸로 갖다 드리겠다고, 정말 죄송하다고, 어떻게 그게 거기 갔는지 모르겠다고 대답했지요."

다시 한숨.

"곧장 베개를 가지고 나왔는데, 물론 제가 생각한 대로 얼룩 하나 없었지만 어떤 분들에게는 말해봐야 아무 소용이 없으니까, 리넨실로 가서 깨끗한 커버를 찾아서 새 베개에 씌운 다음에 16호실로 돌아가서 문을 노크하고 들어갔죠. 그분은 베개를 받아들고 코웃음을 치더니 말씀하셨어요. '이거면 되겠지 뭐.' 마치 제가 마대자루를 갖다드리기라도 한 것처럼요. 그래서 전 들어가서 침대를 다시 정리하고 그 방을 나왔어요. 그게 전부예요, 경감님."

그녀가 폭포처럼 말을 쏟아내고 딱 그치자 파나키 경감은 눈을 깜박였다.

"어… 알겠습니다. 그런데 그때 스몰우드 씨가 어떻게 보이던가요?"

"대부분의 손님들과 비슷했어요. 저한테 키스하자마자 야단칠 거 같은. 무슨 말인지 아시려나요?"

"알겠습니다. 객실은 어떻던가요, 뭔가 이상하거나 어긋나 보이는 거라도?"

"어, 말씀하시니 생각이 났는데요, 16호실의 그 무슨 탐험가 대리석 흉상이 늘 마음에 들지 않았어요. 얼굴에 뭔가 좀 이상한 데가… 하지만 저한테 그런 뜻으로 물으신 건 아니겠지요? 아뇨, 객실 안팎으로 다 말끔하고 깔끔했어요. 대리석 흉상만

빼고. 하지만 그건 늘 그렇게 생겼으니까요. 그러니까 다 말짱했어요.”

“고맙습니다, 패리스 양.”

파나키 경감이 말했다.

“더 질문이 있으면 연락드리겠습니다.”

메이드 앨리슨 패리스가 고개를 꾸벅하고는 일어났다.

“이렇게 뵙게 되어 기쁘다고 말씀드려도 될까요, 경감님. 진짜 신사분이세요. 좋은 하루 되세요.”

그녀가 가고 나자 파나키 경감은 씁쓸하게 고개를 내저었다. 메이드 패리스 양은 보기보다 날카로웠다.

그의 목록에 오른 다음 면담 대상은 데미언 에드워즈로 보조 웨이터였다. 에드워즈는 삼십대 초반의 딱딱하게 생긴 남자로, 말끔히 면도하고 검은 머리에 검은 넥타이를 하고 있었다. 태도는 바르지만 생각을 할 때는 호텔 제복의 끝자락을 만지작거리는 습관이 있었다.

“시체를 발견해 플로어 매니저에게 보고했다고 들었습니다, 에드워즈 씨.”

파나키 경감이 말했다. 데미언 에드워즈는 약간 몸을 움찔했다.

“네.”

목소리는 나직했다.

“그게….”

파나키 경감은 끈기 있게 기다렸다.

"끔찍했어요."

남자가 마침내 불쑥 말했다.

"흉하고, 메스껍고…. 죄송합니다, 그 모습을 직접 말로 하기가 쉽지 않네요."

고개를 끄덕이며 파나키 경감이 말했다.

"객실에 배달을 가던 참이셨다고요?"

"아뇨, 사실 18호실 과일 그릇을 교체하려던 참이었습니다. 그때 옆방에서 격하게 싸우는 소리 같은 게 들려서 무슨 일인지 알아보러 갔죠. 16호실에 가까이 다가갔는데 갑자기 문 손잡이가 움직이더니 문이 홱 열렸어요. 그러곤 웬 남자가 뛰어나와서 복도를 달려가 버렸죠. 얼굴을 제대로 보진 못했지만, 가는 줄무늬 정장 차림이었고 손이 피투성이었습니다. 전 그냥 복도 한복판에 우뚝 서서 쳐다봤지요. 무슨 영문인지 알 수가 없었고 한순간 얼어붙었던 거 같습니다. 잠시 후 정신을 차리고 객실을 살피러 들어가 보니, 스몰우드 씨가 그렇게 난자당해 있

었습니다."

"용의자가 어떻게 생겼는지 좀 더 자세히 말씀해주실 수 있겠습니까?"

"178센티미터 정도에 꽤 근육질이었고, 짧은 턱수염과 콧수염을 길렀습니다. 말씀드렸듯이 가는 줄무늬 정장을 입었고요. 짙은 갈색 머리였습니다."

"용의자를 알아내는 데 도움이 될 만한 다른 특징이나 단서 같은 건 없을까요?"

"제가 본 건 없군요, 죄송합니다."

"그리고 혹시나 싶어 확인하는 건데, 객실에서 뭔가 건드리진 않으셨지요?"

"아뇨, 물론 안 그랬습니다. 시체를 봤을 때 어찔해서 혹시 벽에 손을 짚었을 수는 있지만 아무 물건도 움직이진 않았습니다."

"고맙습니다, 에드워즈 씨. 혹시 더 질문이 있으면 연락드리겠습니다."

그가 가고 나자, 16호실 밖을 지키는 경관 중 한 명이 고개를 들이밀었다. 파나키 경감은 생각에 잠겨 파이프 담배를 피우고 있었다.

"오후 근무 플로어 매니저인 루실 클라크를 들여보낼까요?"

"아니, 됐네, 메이휴 경관. 지금은 그 사람을 번거롭게 할 필요가 없을 것 같아. 누가 살인자인지 알았어."

Hint 살인자는 누구이며, 파나키 경감은 어떻게 알았을까?

Ⓐ 파나키 경감이 들은 증언에는 몇 가지 거짓말이 있었다.

Ⓑ 용의자의 행동 동선을 고려해보자.

Ⓒ 메이드 앨리슨 패리스는 보기보다 약간 나이가 있다.

Ⓓ 가위로 여러 번 찔렀다는 데서 알 수 있듯이 살인범은 브레이든 스몰우드에게 매우 개인적인 원한이 있었다.

Ⓔ 브레이든 스몰우드는 귀중품을 도둑맞지 않았다.

Ⓕ 이 사건은 그랜드 호텔에서 벌어진 첫 번째 살인사건은 아니다.

Ⓖ 벽난로에서 의류 몇 가지를 태웠다.

	관계	특이사항
앨리슨 패리스	16호실 담당 메이드	
데미언 에드워즈	보조 웨이터	

님인 피해자의 신원을 알고 있을 이유가 없다는 점과, 그가 객실 비치 과일 그릇을 확인하는 일을 맡는 것은 있을 법하지 않다는 점도 염두에 두어야 한다. 그건 당일 객실 정리를 할 때 메이드가 챙기는 일이지 오후에 아무한테나 넘기는 잡일이 아니다.

데미언 에드워즈가 살인자이며, 넥타이 때문에 탄로 났다. 브레이든 스몰우드가 호텔에 있다는 소식을 듣고, 데미언 에드워즈는 이 기회를 틈타 브레이든 스몰우드의 회사에서 일하다 죽은 형의 복수를 하기로 마음먹는다. 데미언 에드워즈는 서비스 샴페인 병을 갖다주는 척하고 객실에 들어갔다. 안에 들어서자, 데미언 에드워즈는 재빨리 재킷과 허리띠를 벗고 살인 목적으로 가져온 가위로 브레이든 스몰우드를 찔렀다.

브레이든 스몰우드가 죽고 나자, 데미언 에드워즈는 자기 셔츠와 넥타이가 피투성이임을 깨달았다. 그는 옷을 벗어 그걸로 몸을 닦고, 피 묻은 옷을 벽난로 불에 던져 넣었다. 그런 다음 피해자의 수트케이스를 뒤져 대신 입을 것을 찾았다. 흰 셔츠는 쉽게 발견했지만 넥타이는 검은색이 그나마 최선이었다. 이후 난리가 나기 전에 직속 상사와 이야기를 나누면 넥타이가 잘못되었음을 들킬 가능성이 높다는 것을 알기에, 플로어 매니저를 부르러 갔다.

데미언 에드워즈가 저지른 다른 큰 실수는 그가 지어낸 살인자가 문을 열고 나왔다고 말한 대목이었다. 만약 그게 사실이었다면 문 손잡이에는 피 묻은 손자국이 남아 있어야 했다. 또한 보조 웨이터인 데미언 에드워즈가 객실 손

18

벽난로 옆의 죽음

Death by Fire

블레이크 저택에 도착한 파나키 경감은 조끼 주머니에서 회중시계를 꺼내 확인했다. 정확히 오후 여덟 시 이 분이었다. 초인종을 누르자 그의 부하 중 한 명이 냉큼 문을 열었고, 그 뒤로 못마땅한 기색이 역력한 집사가 보였다.

"안녕하신가, 설리번 순경."

파나키 경감이 들어서며 말했다.

"무슨 상황인가?"

널찍하고 품위 있는 현관에서 살펴보니 집 안쪽으로 통하는 복도가 여러 갈래로 펼쳐져 있었고 카펫이 깔린 계단 두 개가 위층으로 이어졌다.

"안녕하십니까, 파나키 경감님. 피해자는 이 집의 가장인 빅터 블레이크로 일흔여덟 살입니다. 오후 다섯 시에 아들이 발견했습니다. 가족 주치의인 애티커스 브레이든은 사망 시각을 오후 세 시 조금 넘어서인 것으로 추정하고 있습니다. 노인이 질식당해 죽었다는 것을 확인해준 사람이기도 하고요. 다른 가족은 전부 이 집에 있습니다. 여기 집사 퍼킨스만 제외하면 고용인까지 포함해서 모두 거실에 모여 있습니다. 맥닐 순경이 지켜보고 있고요."

집사의 얼굴이 굳어졌지만 내내 침묵을 지켰다.

"범죄 현장을 보고 싶은데. 설리번 순경, 자네는 여기 현관을 맡아주게나. 퍼킨스 집사가 안내해주겠지."

"알겠습니다, 경감님."

집사가 말했지만, 내키지 않아 하는 게 분명했다.

파나키 경감은 집사를 따라 계단을 올라갔다.

"오늘 저택에 있었던 사람들의 이름을 전부 알려줄 수 있겠습니까?"

잠시 망설이더니 집사 퍼킨스는 한숨을 내쉬었다.

"블레이크 씨에겐 자제분이 넷 있습니다, 파나키 경감님. 아드님 세 분, 따님 한 분이죠. 순서대로 루커스, 벤저민, 따님인 델리아, 줄리언이죠. 현재 네 명 다 여기 있습니다. 그들의 가족들은 없고요. 루커스 씨의 아내 라모나 씨와, 델리아 씨의 남편 코윈 필립스 씨는 블레이크 씨가 발견된 후 각자 아이들을 데리고 귀가했습니다. 오늘 여기 있는 직원들은 요리사 헤스 부인과 메이드인 지젤 렌튼, 애들라이드 모튼, 그리고 접니다. 손님도 두 분 계시는데, 가족 주치의 애티커스 브레이든과 블레이크 씨의 변호사 타이런 버드입니다. 경감님을 제외하고 경찰은 세 명으로 설리번, 맥닐, 존스 순경이 있고요. 블레이크 씨의 손자들은 다 아직 열네 살 미만이라 일부러 말씀 안 드렸습니다. 마찬가지로 오늘 저택 안에 발을 들이지 않은 관리인 이언 베이츠도 뺐고요. 블레이크 마님께서는 팔 년 전에 돌아가셨습니다."

"고마워요, 퍼킨스. 아주 꼼꼼하군요. 블레이크 씨는 좋은 고용주였습니까?"

"말씀드릴 수가 없군요, 경감님."

"그렇겠죠. 그럼 대신 이렇게 묻는 건 어떻습니까, 혹시 블레이크 씨에게 불만을 품은 사람을 알고 있습니까?"

"아뇨, 경감님."

퍼킨스가 말했다. 하지만 그는 몹시 불편해 보였다. 퍼킨스는 아무 말이 없다가, 불편한 침묵 끝에 덧붙였다.

"집에 변호사가 와 있다는 건 심상치 않은 징후로 여겨지는 게 일반적이지요."

"확실히 그렇죠. 누구든 같은 결론을 내릴 겁니다."

퍼킨스는 잠시 감사의 미소를 짓고는, 경관이 지키고 선 두꺼운 문 앞에 멈춰 섰다.

"여기가 사건 현장인 블레이크 씨의 개인 거실입니다. 전 밖에서 기다리고 있다가 편하실 때 가족들에게 안내해드리겠습니다."

"고맙습니다. 큰 도움이 되었어요."

"별말씀을요, 경감님."

파나키 경감은 존스 순경에게 고개를 끄덕이고는 문을 연 다음 안락한 거실로 들어섰다. 펠트 천을 씌운 커다란 안락의자 두 개가 벽난로 양쪽에 놓였고 벽난로에는 재와 불씨가 쌓여 있었다. 비어 있는 석탄통에 꽂힌 부지깽이도 보였다. 빅터 블레이크의 시신은 왼쪽 안락의자에 있었는데, 다리와 하반신이 밝은 색의 모직 담요로 감싸인 채였다. 눈꺼풀을 들어 올려 본 파나키 경감은 피해자의 눈이 몹시 충혈되어 있음을 확인했다.

코와 입술은 얼굴의 다른 부분에 비해 유난히 창백했고, 입가에 점점이 피멍이 들었다.

잠깐 수색을 했지만 노인을 질식시키는 데 쓰였을 만한 쿠션은 찾지 못했다. 파나키 경감은 생각에 잠겨 벽난로에 쌓인 잿더미를, 그리고 방 안쪽에 있는 블레이크의 책상을 쳐다보았다. 테이블에는 눈에 띄게 흐트러지거나 어울리지 않는 물건은 없었다. 조간신문을 제외하면 펜과 잉크, 노트패드, 압지, 자 그리고 쌓인 서류만 있었다. 파나키 경감은 서류들을 훑어보았고 계산서, 관리 명세서, 안내문과 사용 설명서 등 집 안 관련 일들뿐임을 알아냈다.

십 분 후, 퍼킨스는 파나키 경감을 넓은 거실로 안내했다. 맥닐 순경이 그를 맞아 가족과 직원, 손님들을 한 명 한 명 알려주었다. 파나키 경감이 자기소개를 하자마자 딸인 델리아 필립스가 짜증 난 기색이 역력한 표정으로 일어났다.

"얼마나 더 오래 여기 붙잡혀 있어야 하는 건가요?"

그녀가 쏘아붙였다.

"오늘 아이들 할아버지가 돌아가셨으니, 제가 애들 옆에 있어줘야 한다고요."

"이해합니다. 질문 몇 개만 드리면 됩니다. 오래 걸리지 않을 거고요. 혹시 한 분씩 조용히 따로 이야기할 수 있는 곳이 가까이에 있을까요?"

델리아 필립스는 크게 후 소리를 내고는 도로 앉았다.

"곁방이 있습니다."

장남 루커스가 말했다.

"퍼킨스, 경감님을 그리로 안내해드리겠어요?"

"이쪽입니다, 경감님."

퍼킨스가 말했다.

곁방은 바와 편안한 의자 몇 개가 놓인 비교적 작은 응접실이었다. 파나키 경감은 편하게 자리를 잡고, 퍼킨스에게 루커스를 불러달라고 부탁했다.

루커스 블레이크는 키가 크고 잘생긴 사십대 초반의 남자였다. 말끔한 옷차림에, 얼굴은 침울하긴 해도 편안한 자신감이 느껴졌다.

"저희 아버지는 시한부 인생이셨습니다, 경감님."

그가 파나키 경감에게 말했다.

"누이동생 델리아와 저만 알고 있었지만 육 개월 정도밖에 남지 않았어요. 암이었죠. 만약 살인자가 좀 더 인내심을 가졌더라면 굳이 이렇게 할 필요도 없었을 텐데. 아버지는 벌컥 하는 성미셨고 죽음을 두려워하셨지만, 그래도 점잖은 분이었고 손자들을 사랑하는 할아버지셨습니다. 저와 델리아보다 남동생 벤저민과 줄리언을 더 세게 몰아붙이셨죠. 이제는 그 애들이 결혼할 때가 되고도 넘었다고요. 오늘 오후 행적이요? 아내 라모나와 전 누이동생 부부인 델리아, 코윈과 함께 점심을 먹었습니다. 그런 다음 아이들과 놀아주느라 산책을 나갔죠. 두어 시간 동안 오리와 다람쥐를 쫓아다니고 들어와서 델리아와 라모나는 악동들에게 책을 읽어주고, 코윈과 저는 당구를 좀 쳤습니다. 코윈이 여자들에게 돌아가고 나서 저는 책을 좀 읽었어요. 막 독서를 마치려던 참에 누군가 비명을 질렀고 소란이 시작되었죠."

둘째 벤저민 블레이크는 형보다 조금 키가 작았고, 조금 덜 침착해 보였다. 그래도 이 집안 식구들 특유의 똑같은 자신감 있는 분위기를 풍겼다.

"불쌍한 아버지, 누가 아버지가 죽기를 바랐는지 상상도 안 가네요. 제가 아버지가 돌아가신 걸 발견하고 소리를 지른 다음 사람들에게 알렸습니다. 보자마자 이거 큰일 났구나 싶었죠. 그래도 아버지는 나름 보람찬 삶을 사셨어요. 전 조카들이 와 있을 때는 밖에 나가 있으려 하는 편이라, 한참 동안 산책을 나갔죠. 변호사 타이런 버드와의 약속만 없었다면 아예 클럽으로 도망을 갔을 걸요. 타이런 버드는 저와 동생 줄리언의 공동 투자 관리를 돕고 있어요. 변호사와의 약속 시간이 오후 세 시에서 다섯 시까지였죠. 전 시간에 딱 맞춰 산책에서 돌아왔고요. 변호사와 이야기를 끝낸 후 그다음에 아버지에게 변호사가 아버지를 뵙고 싶어 한다고 말하려고 갔습니다."

델리아 필립스는 분명히 짜증이 나 있긴 했지만, 그렇다고 해서 타고난 박력이나 매력이 가려지지는 않았다.

"큰오빠가 아버지의 병에 대해서 말했겠지요? 누가 아버지를 없애고 싶어 했을지 짐작도 안 가요. 아버지는 이따금 제 남자형제들과 의견 대립이 있긴 했지만 참아줄 수 없는 분은 아니셨어요. 손주들에게서 할아버지와 보낼 수 있는 남은 시간을 빼앗아 버리다니 정말 잔혹하게 여겨져요. 익히 짐작하시겠지만 아이들은 무척 슬퍼했어요. 저희는 오전 내내 큰오빠 내외와 그 집 아이들과 함께 아버지와 있었죠. 아버지는 우리가 점심을 먹을 때 숨을 좀 돌리러 위층으로 올라가셨어요. 그 후 우리는 아이들을 좀 뛰어놀게 하려고 데리고 나갔고, 그다음엔 새언니와 제가 번갈아가며 책을 읽어줬어요. 아버지가 쉬실 때는 귀찮게 해서는 안 된다는 걸 다들 알았지만 슬슬 걱정이 되기 시작할 때 벤저민 오빠가 다급히 달려와서 소식을 전해줬답니다. 주치의 애티커스 브레이든 선생님이 한 시간이 안 되어 오셨고, 경찰을 불러야겠다고 말씀하셨죠. 그게 두 시간 조금 더 되었네요."

줄리언 블레이크는 긴장한 것처럼 보였다. 남매들 중 막내로, 서른 살을 조금 넘겼다.

"저희 변호사 타이런 버드와 약속이 있었습니다. 그게 세 시에 시작했죠. 벤저민 형이 잡은 약속이었어요. 형과 제가 소유하고 있는 토지와 관련된 세부사항을 두어 시간 들여다보았죠. 루커스 큰형의 습관이 벤저민 형에게 옮기라도 했나 봐요, 평소엔 훨씬 대충대충이었는데…. 아무튼 타이런 변호사가 다 정리했지요. 그게 끝나고 벤저민 형은 아버지한테 타이런을 잠시 만나줄 수 있을지 알아보러 올라갔습니다. 저는 그 뒤에 따라갔고요. 벤저민 형에게 확인할 게 있어서요. 짧은 비명 소리가 났고 형은 아버지 방에서 눈이 휘둥그레져 쳐다보고만 있더라고요. 안이 빌어먹게 더웠어요. 불쌍한 아버지, 전 아버지는 영영 안 돌아가실 줄만 알았어요. 오늘 아침이요? 왜요?"

줄리언 블레이크가 망설이며 대답했다.

"약속 시간 전까지 내내 제 방에 있었는데요. 물론 혼자였죠. 무슨 뜻으로 하시는 말씀입니까?"

주치의인 애티커스 브레이든은 오십대 후반으로, 훌륭한 콧수염을 기른 배가 나온 남자였다.

"빅터는 암이었습니다. 남은 시간이 얼마 없었죠. 솔직히 그렇게 빨리 간 게 아마 다행일 겁니다. 편하게 가는 병이 아니거든요. 네, 오후 여섯 시쯤 여기 왔습니다. 눈과 얼굴을 보면 질식사가 분명하죠. 시신의 체온은 거의 정상에 가까우니, 죽은 지 아마 두 시간에서 두 시간 반 정도 되었을 겁니다. 확실해요. 아뇨, 그의 병력에서 자연 질식사할 만한 요인은 없습니다."

타이런 버드는 전형적인 변호사 타입으로 커다란 안경을 쓴 작고 섬세한 남자였다.

"저는 벤저민 블레이크의 요청으로 오후 두 시 오십삼 분에 저택에 도착했습니다. 팔 분 후, 벤저민과 그 동생 줄리언과 함께 곁방에서 만났고요. 우리는 그 두 형제의 개인적인 재정 문제에 관해 논의를 했습니다. 그게 정확히 두 시간 십 분 걸렸습니다. 저택에 온 김에 내일 다시 올 수고를 덜려고 형제의 아버지 빅터 블레이크가 시간이 나는지 알아보기로 했습니다. 벤저민이 확인하러 갔고 줄리언이 따라갔습니다. 그다음 빅터가 죽었다는 얘기를 들었지요. 내일 용건이요? 어, 이젠 말씀드려도 되겠지요. 빅터는 유산 증여와 관련해서 할 얘기가 있다고 했습니다. 상세한 내용은 모르고요."

요리사 헤스 부인은 키가 크고 튼튼한 체구의 여자로 눈빛이 강렬했다.

"저야 평소와 마찬가지로 부엌에 있었죠. 달리 어디 있었겠어요? 네, 하루 종일요. 메이드 애들라이드 모튼이 오후 대부분 저와 같이 있으면서 일했고 아이들 돌보는 것도 도왔죠. 아뇨,

이상한 건 전혀 못 봤어요."

지젤 렌튼은 메이드 중 한 명이었다. 가냘픈 몸매의 열아홉 살 아가씨로, 창백한 하트형 얼굴이었다. 말하는 동안 손을 떨고 있었고 눈은 아래로 내리깐 채였다.

"저는 청소를 하고 있었어요. 네, 하루 종일요. 집이 커서 청소할 게 많아요. 침대, 벽장, 선반, 테이블, 옷장. 아뇨, 오후에 여자분들이 아이들에게 책을 읽어줄 때까지 아무도 보지 못했어요. 말씀드렸듯이 청소를 하느라고요."

애들라이드 모튼은 동료보다 몇 살 위로, 구불거리는 짙은 머리에 강한 눈매를 가지고 있었다.

"오전엔 루커스 씨와 델리아 부인 그리고 그 가족들을 시중들었어요. 지젤은 전혀 못 봤고요. 요 몇 달 사이 줄리언 씨가 있을 때면 그 애를 못 볼 때가 많았죠. 그래도 분명 지젤이 바쁘긴 했을 거예요. 전 헤스 부인이 점심 식사 준비하는 걸 돕고, 오후 거의 내내 같이 있으면서 뒷정리를 하고, 그다음엔 아이들에게 먹고 마실 걸 내주었죠."

마지막으로 파나키 경감은 집사 퍼킨스를 다시 불러들였다.

"전 어디든 필요한 곳에 있었습니다, 경감님. 시간을 쪼개 여러 가족분들을 보살펴드렸고요. 두 시에서 세 시까지 집이 꽤 조용했고, 그때 부엌에서 점심을 먹었습니다. 루커스 씨와 델리아 부인은 가족들과 시간을 보냈고요. 돌아가신 블레이크 씨는 오전 중에 그들과 함께 계셨습니다. 줄리언 씨는 변호사와의 약속 시간 전까지 본인 방에 계셨습니다. 벤저민 씨는 일찍 나갔다가, 약속 시간에 맞춰 돌아오셨고요. 헤스 부인과 모튼 양은 부엌에 있었고, 렌튼 양은 세 시쯤에 나타났습니다."

"고마워요, 퍼킨스."

파나키 경감이 말했다.

"유력 용의자에게 수사의 초점을 맞추기에 필요한 정보는 다 얻은 것 같군요. 걱정 말아요, 이 건은 집사가 범인이 아니라는 거 아니까요."

Hint 파나키 경감이 의심하는 사람은 누구이며, 이유는 무엇일까?

Ⓐ 메이드 애들라이드 모튼은 동료인 지젤 렌튼을 싫어한다.

Ⓑ 관리인 이언 베이츠에게 물었더라면 유용한 증언을 들을 수 있었을 것이다.

Ⓒ 빅터 블레이크 방의 벽난로 불은 제법 중요하다.

Ⓓ 줄리언 블레이크는 오전과 점심에 누군가와 함께 있었다.

Ⓔ 파나키 경감이 들은 증언 중에는 정직하지만 정확하지 않은 것들이 있다.

Ⓕ 살인자는 공범 없이 혼자 범행을 실행했다.

	관계	특이사항
루커스 블레이크	첫째아들	
벤저민 블레이크	둘째아들	
델리아 필립스	딸	
줄리언 블레이크	셋째아들	
헤스 부인	요리사	
지젤 렌튼	메이드	
애들라이드 모튼	메이드	
애티커스 브레이든	주치의	
타이런 버드	변호사	
퍼킨스	집사	

살인자는 빅터의 둘째아들 벤저민 블레이크이다. 그는 아버지를 오후 한 시경에 살해했는데 당시 루커스와 델리아는 가족들과 함께 점심을 먹는 중이었으며 줄리언은 지젤 렌튼과 함께 있었다. 벤저민의 아버지는 아들의 방탕한 생활방식을 못마땅해했으며, 몇 번의 말다툼 후 아들이 결혼하지 않으면 유언장에서 빼기로 결심했다.

벤저민은 남들이 보는 가운데 아침에 집을 나간 후 다들 딴 데 정신이 팔린 사이 돌아왔다. 아버지를 질식시켜 죽인 후, 그는 시체를 담요로 싸서 벽난로 옆 의자에 놓고는 남은 석탄 전부와 질식시키는 데 쓴 쿠션을 넣고 불을 피웠다. 그런 다음 방문을 꼭 닫고 다시 집을 나섰다가, 알리바이를 만들기 위해 잡은 약속 시간에 맞춰 요란스레 귀가했다. 벤저민의 계획대로 방 안의 열기와 담요 때문에 주치의는 빅터의 사망 시간을 실제보다 늦춰 판단했다.

19

시험지 유출 사건

The Exam Cheat

밀러 양은 찻잔을 받침접시에 놓고 의자에 기대앉았다. 그녀의 고양이 오브리가 바닥에서 무릎으로 뛰어 올라왔고, 밀러 양은 무심히 고양이를 쓰다듬었다.

"사무실에 침입자가 있었다면 경찰에 신고해야 하는 거 아니에요, 딘?"

딘 하퍼는 대학 생물학과 교수이자 조류협회의 오랜 회원이었다. 그는 시름에 잠겨 고개를 내저었다.

"그런 종류의 무단침입이 아닙니다. 물리적 실체가 있는 건 아무것도 훔쳐가지 않았어요."

"그럼 물리적 실체가 없는 걸 훔쳤나요?"

놀랍게도, 딘 하퍼가 고개를 끄덕였다.

"그래요. 난 매년 상위권 학생들이 치를 추가 시험을 준비하죠. 정말로 무척 어렵고, 통과하면 많은 이들이 부러워합니다. 지난 십이 년 동안 겨우 단 두 명만이 두드러진 성과를 냈고, 둘 다 현재 부교수입니다. 침입 사실을 발견했을 때, 흐트러진 건 그 시험지뿐이었어요."

"시험은 언제인가요?"

"내일이에요. 새로 문제를 낼 시간은 없어요."

"그럼 부정행위를 저지른 학생을 잡고 싶겠군요. 하지만 분명히…."

"넷이요, 메리. 올해는 이 시험에 참가할 만큼 뛰어난 학생이 네 명뿐이에요."

"알겠어요."

밀러 양은 말했다.

"솔직히 말해 이 시험지 사건에 흥미가 가네요. 혹시 정체불명의 침입자를 찾아낼 수 있을지 볼까요? 그 후보자들 중 한 명일 테니 그나마 다행이네요, 학과생 전원에게 시험지를 팔아서 부수입을 챙기려는 사람이 아니라."

"세상에, 그런 생각은 하지도 못했는데."

딘 하퍼가 말했다.

"그럴 가능성도 있다고 보십니까?"

"솔직히, 백여 명 이상의 잠재적 구매자가 있는 시험 문제는 내버려두고 겨우 네 명이 보는 시험 문제를 빼내는 건 낭비라고 봐요."

"그것 참 무척 냉소적인 관점이군요, 메리."

"고마워요."

메리 밀러가 가볍게 미소 지으며 대답했다.

한 시간가량 후, 두 사람은 딘 하퍼의 사무실이 있는 생물학과 건물에 도착했다. 장식이 된 기다란 벽돌 건물로 옆면을 따라 예쁜 화단들이 줄지어 있었다.

"어느 쪽이 당신 사무실인가요?"

밀러 양이 물었다.

딘 하퍼는 커다란 나무문에서 오른쪽으로 네 번째에 있는 창문을 가리켰다. 아래층에 있는 다른 창문들과 마찬가지로 세로가 길고 꽤나 넓었다. 창문의 아래쪽 삼분의 이는 뿌옇게 처리되어 지나가는 이들에게서 프라이버시를 지킬 수 있게 했다. 사람들 머리보다 높은 위쪽 삼분의 일은 환기용으로 경첩을 달아 안쪽으로 열리게 되어 있었다. 창틀은 산뜻한 나뭇잎 녹색이었다. 짙은 색의 진달래꽃 한 무더기가 창 바로 아래 흐드러지게 피어 있었다.

"아주 멋지네요."

밀러 양이 말했다.

"안으로 들어갈까요?"

딘 하퍼는 밀러 양을 안내하여 건물 안으로 들어가, 학과 교직원실을 지나 자기 사무실로 향했다. 문을 열쇠로 열고 딘 하퍼는 밀러 양을 사방에 책과 서류가 쌓여 있는 어수선한 방 안으로 이끌었다.

"어떻게 그 시험지 하나만 건드렸는지 알 수 있냐고 묻겠지요?"

"그리고 겉보기엔 이래도, 뭐가 어디에 있는지 다 안다고 답하시겠죠."

밀러 양이 대답했다.

"음, 꼭 그렇진 않아요. 하지만 크게 바뀌었으면 알 테고, 이 책더미들을 흐트러뜨리지 않고 뭔가를 옮기기란 쉽지 않죠."

"구조적 불안정성을 이용한 보안?"

딘 하퍼가 웃음을 터트렸다.

"그 비슷해요. 아무튼 시험지는 이 서랍에 있습니다."

그는 책상 서랍을 열고 종이 두루마리를 꺼냈다.

"이것만 봉인이 뜯겨지고 묶어놓은 게 풀어졌어요. 다른 건 다 멀쩡하고요. 혹시 침입자가 다른 시험지들을 다시 묶을 시간이 있었다 해도, 애초에 그럴 이유도 없겠지만, 내 인장을 쓸 수

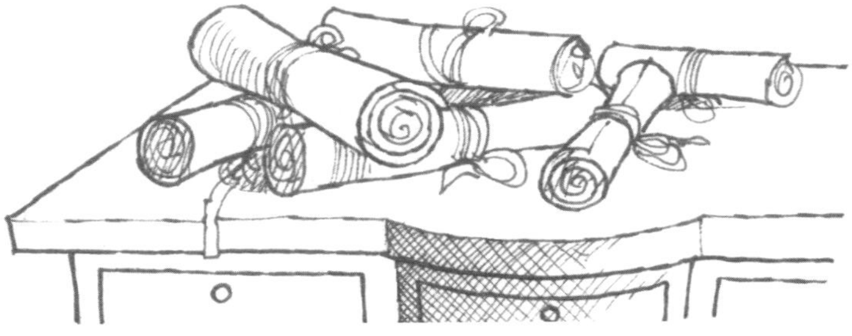

는 없었겠죠."

딘 하퍼는 자기 손에 끼어 있는 인장 반지와 붉은 리본 끈으로 묶고 녹인 흰 밀랍에다 반지로 봉인을 찍은 다른 두루마리를 보여주었다.

"그러니 자기들이 찾는 게 뭔지 확실히 알았던 겁니다."

"네, 무슨 뜻인지 알겠어요. 학생은 당신이 시험 문제 내는 걸 볼 수 있었나요?"

"중요한 건 못 봤을걸요. 혼자 있을 때만 했으니까요. 학생들의 질문을 받는 시간에는 작성하던 걸 전부 저 벽장에 넣어둡니다."

그는 왼쪽에 있는 엉망으로 쌓인 종이 두루마리 더미를 가리켰다.

"지난 몇 주 사이 내가 시험 문제를 준비하는 동안 다들 여기 들르긴 했지만, 어떤 게 그 시험지인지 알아볼 방법은 없어요."

딘 하퍼는 돌아서서 뿌연 창문 유리를 톡톡 쳤다.

"어깨 너머로 훔쳐봤을 리도 없고요."

"그럼 침입자가 자기가 노리는 게 뭔지 어떻게 알았을지 짐작 가는 구석은 있나요? 비서를 두고 계세요?"

"비서는 없고, 짐작도 안 갑니다. 어느 시험지가 어느 것인지 정확히 아는 사람은 저 한 명뿐이에요."

"우연일 가능성은요? 시험지 팔이꾼이 이전에 침입해서 시험 문제를 잘못 빼갔지만, 다른 걸 확인할 시간이 없었다면요?

이번 침입에서 책상 서랍이 딱 찾아볼 만한 곳이잖아요."

"침입은 어젯밤 내가 사무실을 나간 후, 그리고 오늘 아침이 오기 전 그사이에 발생했어요. 입구에 경비원이 있고 이따금 복도 순찰을 하지만, 여기 사무실 안은 들여다보지 않습니다. 일껏 고생해서 침입한 사람이 겨우 몇 초밖에 시간이 없었을 것 같진 않군요. 시험 문제를 베껴가려면 적어도 몇 분은 걸리고."

"시간이 넉넉하리라는 건 알겠네요, 특히 공범이 있다면. 그러니 그 야심 찬 학생이 경비가 순찰을 도는 와중에 교수님의 사무실에 숨어들 수 있는 도둑질 재능을 가졌거나, 도와줄 동료가 있다고 쳐요. 다들 기숙사생이겠죠?"

딘 하퍼는 고개를 끄덕였다.

"생물학과 삼 학년은 다 테이텀 기숙사에 있습니다."

"그럼 그 학생들의 알리바이는 다들 혼자 자고 있었다는 거겠군요."

"네, 확실히. '친구'를 데려와 자면 퇴학이니까요."

"의심 가는 구석 있으세요?"

"아뇨, 없습니다. 그 네 명 중 누구든 부정행위를 할 수 있을 거란 생각을 못해봤어요. 다들 무척 똑똑하고, 대체로 굉장히 좋은 친구들이죠."

"한 명씩 얘기를 해볼 수밖에 없겠네요, 가능하다면."

밀러 양이 말했다.

그들은 사무실을 나섰다. 딘 하퍼는 사무실 문을 잠갔다.

"더 좋은 자물쇠를 달아야겠어요."

딘 하퍼가 중얼거렸다.

"세상엔 늘 더 좋은 자물쇠가 있겠지만, 늘 더 뛰어난 도둑도 있을 거예요. 진짜 단단히 마음먹은 범죄자라면 항상 노렸던 걸 얻어내죠."

"그거 참 심란해지는군요. 저더러 시험 문제를 암호로 쓰라는 말씀이십니까?"

밀러 양은 미소 지었다.

"그러는 게 마음이 편하시다면야. 하지만 그보다는 보안 단계를 좀 높이고 너무 걱정하지 않도록 하시는 게 낫지 싶어요."

딘 하퍼는 못미더워하는 눈길을 던졌다.

"오늘 영 사람을 심란하게 하시네요, 메리."

"할 수 있는 일을 해야죠."

그녀는 명랑하게 대꾸했다.

테이텀 기숙사는 대학 캠퍼스 가장자리에

위치한, 아무 꾸밈 없는 네모난 석조 건물로 백십 명의 학생들이 거주하고 있었다. 딘 하퍼는 종잇조각을 들여다보더니, 이층에 있는 첫 번째 학생의 방으로 안내했다.

"제이콥 월터스."

문 앞에 멈춰 섰을 때 그가 말했다.

"파충류에 아주 관심이 많습니다."

딘 하퍼는 크게 문을 노크했다.

잠시 후 문이 활짝 열리고 중키에 날렵한, 안경을 쓴 청년이 나왔다. 헐렁한 셔츠에 플란넬 바지를 입은 캐주얼한 차림이었다. 딘을 본 그의 눈이 휘둥그레졌다.

"하퍼 교수님! 전… 무슨 일이신가요? 별일 없지요?"

제이콥 월터스는 미심쩍은 눈길을 밀러 양에게 던졌다.

"안녕, 제이콥. 이쪽은 밀러 양이셔. 질문 몇 가지를 하고 싶으시다는데, 괜찮다면?"

"물론이죠."

제이콥 월터스는 이제 완전히 어리둥절한 표정이었다. 밀러 양은 그에게 환하게 미소 지었다.

"말해봐요, 월터스 씨, 아버님은 무슨 일을 하시죠?"

"금세공 장인이신데요."

그는 영문을 몰라 하며 대답했다.

"훌륭해요. 그리고 파충류와 조류가 갈라진 경계선은 어디일까요?"

"시조새죠, 물론. 하지만 이게 정말 무슨…."

여전히 미소 지으며 밀러 양은 열린 문으로 고개를 집어넣고 청년의 방을 한 바퀴 크게 둘러본 다음, 물러났다.

"방이 어수선하네요, 젊은이. 시간 내줘서 고마워요. 우리는 이제 그만 가봐야겠어요."

"고맙네, 제이콥."

딘 하퍼가 단호히 말했다.

"전…."

청년은 영문을 몰라 하며 고개를 내저었다.

"그러시겠죠. 안녕히 가세요, 교수님."

제이콥 월터스는 방으로 들어가 문을 닫았다. 딘 하퍼는 밀러 양에게 궁금해하는 얼굴을 했다.

"다음은 누구죠?"

그녀는 명랑하게 말했다.

다음 차례는 캐머런 허니컷으로, 동물학 전공이자 육상팀의 열성적인 선수였다. 그는 방에서 나올 때 고개를 숙여야 했고, 스웨터와 바지 차림이었다. 보기 좋게 말랐고, 크고 무성한 콧수염을 길렀지만 그게 툭 튀어나온 아랫니를 완전히 가려주진 못했다. 캐머런 허니컷은 딘 하퍼가 밀러 양을 소개할 때 아랫입술을 잘근잘근 깨물고 있었다.

"존 타일러 미국 대통령은 자녀를 몇 명이나 두었나요?"

밀러 양이 물었다.

"열다섯 명이요."

캐머런 허니컷이 즉시 대답했다.

"왜 물으시죠?"

"기억력 테스트예요."

밀러 양이 대꾸했다.

"전 어떻습니까?"

"아주 대단하네요. 혹시 연필 있을까요?"

캐머런 허니컷은 고개를 끄덕였다. 방으로 들어갔다가, 잠시 후 날카롭게 깎은 연필을 들고 돌아와 밀러 양에게 내밀었다.

"아뇨, 됐어요. 잘 있어요."

다음 학생 니콜라스 네이절의 방은 삼층이었다.

"똑똑하지만 엇나갔고, 술을 많이 마십니다."

딘 하퍼의 평가였다. 딘 하퍼가 문을 날카롭게 노크했다.

"꺼져."

니콜라스 네이절이 즉시 고함쳤다.

"니콜라스, 나 하퍼 교수다."

딘 하퍼가 소리쳤다.

"교황님이라도 상관없어요. 날 좀 그냥 가만히 내버려두라고."

"우린 그저…."

딘 하퍼가 말을 꺼냈다.

"가시라니까."

딘 하퍼는 어깨를 으쓱했다.

"괜찮아요. 마지막은 누구죠?"

밀러 양이 물었다.

알렉산더 콕스의 방은 꼭대기 층에 있었다.

"영장류에 푹 빠져 있어요."

딘 하퍼가 밀러 양에게 말했다.

"특히 원숭이. 사람들이 말하는 것보다 훨씬 더 똑똑하다고 생각하는 것 같더군요."

딘 하퍼가 문을 노크했다.

잠시 후, 꿈꾸는 듯한 표정을 한 과체중의 젊은 남자가 문을 열었다.

"교수님."

그는 놀란 기색 없이 말했다.

"안녕, 알렉산더. 이쪽은 밀러 양이셔. 너한테 질문 몇 가지를 하실 거야."

"그러세요."

알렉산더 콕스가 말했다.

"왜 원숭이인가요, 학생?"

"원숭이는 연기하지 않아요."

그가 느릿느릿 말했다.

"그냥 보이는 모습 그대로죠."

밀러 양은 고개를 끄덕였다.

"유인원은 아니고요?"

알렉산더 콕스는 고개를 내저었다.

"유인원은 안 좋아해요."

"시간 내줘서 고마워요."

"별것도 아닌데요."

알렉산더 콕스는 딘 하퍼에게 꾸벅 인사하고, 문을 닫았다.

테이텀 기숙사의 현관으로 향하며, 딘 하퍼가 한숨을 내쉬었다.

"거참, 이제 이상한 교수라는 소문이 퍼지겠군요."

"하지만 시험 문제를 훔쳐본 도둑이 누군지는 확실히 알았는걸요."

밀러 양이 말했다.

Hint 문제를 훔쳐본 도둑은 누구일까?

Ⓐ 침입자는 시험지가 어디 있는지 알고 있었다.

Ⓑ 제이콥 월터스는 이구아나를 키우고 있다.

Ⓒ 캐머런 허니컷은 멀리뛰기를 특히 좋아한다.

Ⓓ 니콜라스 네이절의 아버지는 그가 아직 어릴 때 죽었다.

Ⓔ 동물학으로 전공을 정하기 전, 알렉산더 콕스는 우주인이 되고 싶어했다.

Ⓕ 침입자는 도움을 받아 던 하퍼 교수 사무실의 자물쇠를 열고 다시 잠갔다.

Ⓖ 범죄를 저지르기 위해 필요한 지식은 그럴 마음을 먹기 전에 얻게 된 것이다.

	특이사항
제이콥 월터스	
캐머런 허니컷	
니콜라스 네이절	
알렉산더 콕스	

캐머런 허니컷이 침입자다. 학생들 중 딘 하퍼 교수의 사무실 창문 위쪽 투명한 부분으로 들여다볼 수 있을 만큼 키가 큰 사람은 그뿐이다. 거기에 더해, 그가 가장 침착하고 실행력이 있다. 제이콥 월터스는 칠칠치 못하고, 니콜라스 네이절은 마음의 고통에 빠져 있으며 알렉산더 콕스는 몽상가다. 그리고 운동을 잘한다는 것은 최소한 어느 정도 자기 절제력이 있다는 의미다. 마지막으로, 캐머런은 기억력이 뛰어나다. 이것은 부정행위를 할 목적으로 시험지를 훑어보는 데 도움이 되었을 것이다.

여러 가지 정황을 들이대자 캐머런 허니컷은 자백했다. 그는 전날 오전 사무실 곁을 지나다가 딘 하퍼 교수가 시험문제를 작성하는 걸 보고, 그 자리에 서서 딘이 어디다 시험지를 보관하는지 확인했다. 그런 다음 수상쩍은 과거가 있는 친구를 불러다가 그날 밤 함께 딘 하퍼의 사무실에 침입했다. 캐머런 허니컷은 시험지를 개봉하고 문제를 외웠다. 그러고 난 후에야 시험지 두루마리를 다시 원상태로 되돌릴 수 없다는 것을 깨달았다. 그는 몹시 죄송해했으며, 결국 딘 하퍼는 그의 시험 자격을 박탈하되 캐머런 허니컷이 앞으로 바르게 행동하겠다는 조건으로 더 이상의 처벌은 하지 않기로 결정했다.

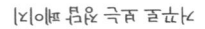

20

와일드헌 저택의 비밀

Wildhern

캐롤라인 히튼은 커다란 녹색 눈에 묘하게 안 어울리는 헤어스타일을 한 사랑스럽고 우아한 아가씨였다. 또한 불안한 기색이 역력했다.

"만나주셔서 고마워요, 제임스 씨."

그녀는 자리에 앉으며 말했다. 목소리는 조심해서 자제하고 있었다.

"그냥 올리버라고 부르세요. 뭘 도와드리면 될까요? 워드는 잘 있고요?"

"오빠는 잘 지내요, 고맙습니다. 안부 전하라고 하더라고요. 제가 뭔가 사건에 휘말린 거 같은데, 오빠가 올리버 제임스 씨를 찾아가 보라고 했어요."

"제가 도울 수 있는 일이면 물론 해드려야죠."

올리버 제임스가 말했다.

"무슨 문제인지 우선 얘기를 해주시는 게?"

"저는 몇 년 동안 아버지 친구 분 댁에서 아이들을 돌보고 공부를 봐주는 입주 가정교사로 일했어요. 이스마엘과 엘라 칼혼 부부요. 혹시 아시나요?"

올리버는 고개를 저었다.

"아닌 것 같군요."

"좋은 분들이세요."

캐롤라인 히튼이 말했다.

"그댁 아이들에게 정이 참 많이 들었죠. 아무튼 석 달 전쯤 그분들이 유럽 여행을 떠나셨어요. 십팔 개월 동안 가 계실 거

라 저는 다른 일자리를 구하기 시작했죠. 처음에는 별로 좋은 자리가 보이지 않았는데, 그러다 한 신문 구인광고가 눈에 들어왔어요. 일은 그리 많지 않은 편이지만 상당히 다양하고 자발적이며 다재다능한 태도가 꼭 필요하다고 되어 있었던 기억이 나요."

"그 광고 아직 갖고 있습니까?"

"아닌 것 같아요. 저는 지원서를 보냈고 곧 면접을 봤어요. 거기서 위팅 씨를 만나게 되었죠. 키가 크고 덩치가 있는 남자분으로 처음엔 정말 사람 좋은 분 같았어요. 하지만 면접은 짧고 희한했어요. 제 조건이 아주 좋다며 고용하고 싶은데 아이들이 굉장히 독특하다면서 제게 헤어스타일을 바꾸고 부인이 내주시는 옷을 입어야 한다는 거예요. 전 상당히 내키지 않았지만, 그분은 제 옷차림이 단정하지만 그저 아이들이 무척 따랐던 이전 가정교사의 모습을 떠올리게 하기 위해서라고 그랬어요. 그러고는 선금으로 아주 넉넉한 금액을 말씀하시고, 두 주치 급료로 또 같은 금액을 부르시더군요."

"그래서 물론 수락하셨겠지요."

"법에 어긋나거나 그 어떤 부적절한 업무는 없다는 조건하예요, 네. 물론 위팅 씨에게 추천서를 드렸고요, 그분은 받으셨지만 자기가 조회하는 동안 즉시 일을 시작했으면 좋겠다고 하셨죠. 부인이 지금 일손이 딸려 몹시 힘들어한다는 거예요. 그래서 바로 다음날 아침부터 일을 시작하기로 했죠. 그게 두 달쯤

전 일이네요."

올리버는 생각에 잠겨 고개를 끄덕였다.

"그리고 추천서 조회는 했고요?"

"아, 아뇨. 알고 보니 조회를 하지 않으셨더군요. 하지만 제가 그걸 알았을 땐 이미 자리를 잡은 후였어요. 위팅 가족은 시 동쪽 가장자리에 있는 와일드헌이란 이름의 대저택에 살고 있어요. 굉장히 인상적인 곳으로 외관은 대체로 네모진 건물이에요. 하얀 돌벽에 담쟁이덩굴이 보기 좋게 뒤덮였고, 지붕은 짙은 색의 석판이죠."

"제가 생각하는 그곳이라면, 특징 있는 체크판 무늬 대리석 바닥이 깔리고 큰 기둥이 선 포치에, 각각 다른 동물 조각상 두 개가 대문을 지키고 섰지요."

"사자와 유니콘이요, 맞아요. 그러면 몇 에이커나 되는 대지 한복판에 집이 있다는 것도 아시겠네요."

"네, 압니다."

캐롤라인 히튼의 얼굴이 미소로 환해졌다.

"아마 아실 거라고 워드 오빠가 그랬어요. 다음날 아침 제가 도착하자, 위팅 씨가 저를 급히 안으로 데려가서는 이층에 있는 놀랄 만큼 좋은 방을 내주셨어요. 개인 물품들이 여기저기 있었는데 건드리지 말라고 했어요. 심지어 방 안에 있는 벽장은 사슬로 잠가놨더라고요! 저한테는 메이드 스텔라 방에 있는 훨씬 더 작은 벽장을 쓰라고 하시고요. 무척 불편한 상황이었지만 그래도 스텔라가 매일 제가 입을 옷을 꺼내 침대 발치 의자에다 걸어놔 줘요. 집에서 일하는 사람들은 어떤 상황이든 간에 절대 사층에 올라가지 말라는 지시를 받았어요. 전 옷이 무척 세련되고 집에서 편히 입는 평상복이라 꽤 놀랐지만, 위팅 부인은 그래야 아이들이 저를 빨리 받아들일 거라고 하셨어요. 저더러 아이들의 마음에 상처가 되지 않게 집에서는 이전 가정교사에 대해 언급하지 말라고 그러더군요."

"다 좀… 희한하게 들리네요."

올리버가 말했다.

"네, 저도 그렇게 생각했어요. 위팅 부부는 아주 후하셨지만 무엇 하나 딱히 괜찮게 여겨지지 않았어요. 그 뒤에 벌어진 사건들도 역시 이상했고요. 전 아이들과 첫 인사를 했어요. 케빈 위팅은 열세 살이에요. 케빈에게는 홀 선생님이라고 과외교사가 있는데, 그분과는 오며가며 스치기만 했어요. 수업을 안 들을 땐 케빈은 피아노를 치거나 책을 읽고 가끔 마당을 돌아다니며 나비를 잡죠. 케빈은 그 모든 일들을 상당히 자발적으로 하고, 좀 말수가 적긴 해도 괜찮은 아이 같아 보여요. 여동생 에밀리는 여덟 살로, 대다수 시간 동안 혼자 조용히 놀아요. 에밀리도 홀 선생님에게 수업을 받긴 하지만, 오빠보다는 적게 듣지요. 상냥한 아이고, 가족들에게는 수다쟁이지만, 오빠와 마찬가지로 일하는 사람들에겐 무척 말수가 적어요."

"다른 고용인들은 거기서 오래 일했습니까?"

"맞아요, 저도 그게 궁금하더라고요. 요리사 스티븐스 부인은 제가 도착했을 때 그 집에서 일한 지 삼 주째였어요. 정원사 겸 잡일꾼인 건장한 청년 머레이 씨는 저보다 단지 두 주 앞이고요. 메이드 스텔라는 머레이 씨와 같은 날에 일하기 시작했어요. 홀 선생님이 얼마나 오래 아이들을 가르쳤는지는 알아낼 기회가 없었어요. 또 머레이 씨는 상당한 대식가임에 틀림없어요, 스티븐스 부인이 종일 음식을 준비해서 위팅 부인이 가져다줘야 하거든요."

"흥미롭군요."

올리버의 말에 캐롤라인 히튼이 대답했다.

"네. 스텔라에게 왜 모든 고용인이 새로 온 사람들인지 물었더니, 자기가 듣기로는 그 가족이 최근까지 여행을 떠나 있었대요. 전 더 캐묻진 않았어요, 제 역할이 괴상하다는 게 금방 분명해졌거든요. 케빈과 에밀리가 죽은 가정교사를 둘러싸고 있는 커다란 초상화가 계단 위에 걸려 있어요. 처음 봤을 땐 화들짝 놀랐죠. 저하고 확실히 외모가 좀 비슷한 구석이 있거든요. 특히 제가 머리를 이렇게 새로 했으니…. 상황을 고려하면 그 그림을 걸어둔다는 건 정말 이상해요. 위팅 부부는 대개 긴장하고 있고, 위팅 부인은 종종 슬퍼 보여요. 그리고 아이들은 딱히 제가 진짜로 돌봐야 할 필요가 있는 것도 아니에요. 저는 아이들과 몇 시간씩 함께 있으면서 지내는 모습을 지켜보지만, 대부분의 경우 전 가족 전원에게 골고루 무시당해요. 악의적으로 그러는 건 아니지만, 제가 필요치 않은 여분의 존재라는 건 확실해요. 그것만으로도 희한하지만, 이런 일상이 극적으로 변경되는 경우가 종종 있어요."

"어떻게요?"

"음, 크게 두 가지 상황이 있죠. 이따금 위팅 부인은 갑자기 에너지가 폭발해서는 메이드 스텔라와 저, 아이들이 뭘 하고 있든 불러 모아요. 그러고는 본인은 요란스레 피아노를 쳐대고 우리들에겐 목청껏 노래하게 시키죠. 에밀리한테는 두들길 수 있게 엄청나게 큰 북을 주고, 아이는 열성적으로 따르죠. 이런 상황이 한 시간쯤 지속되다가 다음 순간 아무 일도 없었던 듯이 각자 하던 일로 돌아가요. 위팅 부인은 이러고 나면 당연히 기진맥진하고요."

"불쌍한 분이군요."

올리버가 말했다. 캐롤라인 히튼은 고개를 끄덕였다.

"그리고 다른 경우는, 그보단 드문 편인데요, 위팅 부부가 갑자기 영문 모르게 친근하게 나와요. 유쾌하고 화기애애해져서는 무슨 즐거운 가족 활동에 저를 끌어들이죠. 이야기나 농담하기, 위팅 부인의 낭독 듣기 등등요. 저에게도 시간을 보낼 거리를 줘요. 반쯤 끝낸 자수나 다양한 소설책, 심지어 가족 분들과 함께 식사를 한 적도 몇 번 있어요. 마치 제가 그 집 식구나 되는 듯 스텔라에게 시중을 받으면서요. 이런 상황이 보통 몇 시간씩 계속되죠. 즐겁긴 하지만 영문을 모르겠어요. 그러다가 늘 갑자기 끝나버리고 가족 분들은 평소대로 긴장하고 움츠러든 태도로 돌아가죠."

"확실히 괴상하군요."

올리버가 말했다.

"하지만 말씀하신 대로라면 그곳에 두세 달 계셨잖습니까. 그러니 뭔가 다른 일로 위기감을 느끼신 거겠죠?"

캐롤라인 히튼은 고개를 끄덕였다.

"와일드헌 저택에서의 생활은 희한하고 불안정하지만, 위기감을 느낀 건 아주 최근이에요. 열흘쯤 전, 낯선 남자가 저택에서 멀지 않은 나무 숲에 숨으려드는 모습이 눈에 띄었어요. 키가 크고 튼튼한 체격에, 값싸고 짙은 색의 옷차림이었어요. 스물다섯에서 서른 살 사이로 보였고요. 며칠 동안 면도를 안 했지만, 저를 정말 불안하게 만든 건 그 사람의 표정이었어요. 저를 바라보는 표정이 마치… 절박했어요. 달리 표현할 말이 없네요. 위팅 씨에게 말했더니, 딱 잘라 제가 상상한 거라고 해요. 그러고는 저더러 낯선 사람은 무조건 무시하라고 상당히 강압적으로 지시했어요. 그 문제로 꽤 흥분하더군요. 굉장히 이상했어요, 그분치고도. 거의 겁에 질린 듯이 보였죠."

"그 남자를 다시 봤습니까?"

"예닐곱 번이요, 네. 위팅 가족들이 화기애애한 분위기일 때 그 사람이 나타나는 것 같았어요. 저한테 특히 빠진 것 같아서 정말 불안해요. 저를 빤히 쳐다보고, 이따금 입 모양으로 무슨 단어를 계속 말하기만 해요. 무슨 영문인지 모르겠어요. 전 그냥 무시하려고 했지만 그 사람의 존재가 점점 더 겁이 나요. 지금까지는 딱히 공격적인 행동은 안 했지만 제게 집착하는 게 분명해요. 뭔가 끔찍한 일이 벌어지는 건 시간 문제가 아닐까 겁이 나요."

"참 별난 상황이군요."

"오늘 아침 와일드헌 저택을 나왔어요. 어젯밤 사직하려 했죠. 위팅 씨는 처음에는 지금의 급료를 두 배로 올려주겠다고 했지만 전 오히려 그 말에 더 불안해졌고요. 그러더니 위팅 씨가 폭발해서는 저더러 자기가 떠나도 좋다고 허락을 내릴 때까지 남아 있어야 한다고 우기는 거예요. 전 겁에 질려서 알았다고 했고, 그러자 그의 분노가 수그러들었죠. 그래서 오늘 아침, 위팅 씨가 출근하고 위팅 부인이 에밀리에게 정신이 팔린 사이 몰래 빠져나왔어요. 경찰에 신고할 만한 사항은 없지만, 그 낯선 남자가 저를 추적할까 봐 무서워요. 이 상황에서 어떻게 해야 할지 아는 사람이 있다면 친구인 올리버 제임스일 거라고 워드 오빠가 그러더군요."

"그 집을 나온 건 잘하셨습니다."

올리버가 말했다.

"이상한 질문일지도 모르지만, 혹시 집에 유령이 나온다는 기분이 든 적 있으신가요?"

캐롤라인 히튼이 눈을 깜박거렸다.

"어, 네, 저도 궁금해하던 참이었어요. 오래된 집에서는 워낙 별별 소리가 다 나지만, 가끔 부정기적으로 묘하게 패턴이 있는 노크 소리가 끈질기게 나고요, 몇 번은 희미하게 울부짖거나 흐느끼는 소리도 들은 것 같아요. 한 번은 위팅 부인에게 그 얘기를 했더니 얼굴이 창백해지더군요. 부인은 수도관에서 나는 소리라고 했지만 납득이 가지 않았고, 이제 생각해보니 그 소리가 시작하는 시점과 위팅 부인의 돌발적인 노래 부르기 시간이 겹치는 거 같네요."

"무슨 상황인지 알 것 같습니다."

올리버가 말했다.

"캐롤라인이 위험한 상황은 아니에요, 맹세하죠. 제가 내일 위팅 부부와 얘기하고, 그 집을 빠져나올 때 두고 오신 물건들을 챙겨오겠습니다. 대신, 내일 워드 오빠하고 같이 저녁식사하러 오세요."

"저야 좋죠."

캐롤라인 히튼이 미소 지으며 말했다.

"하지만 와일드헌 저택에선 도대체 무슨 일이 벌어지고 있는 건가요?"

Hint 캐롤라인은 왜 와일드헌 저택에 고용되었을까?

Ⓐ 위팅 부부는 정말로 입주 가정교사가 필요한 게 아니었다.

Ⓑ 캐롤라인 히튼은 위험한 상황이 아니다.

Ⓒ 위팅 가족 중 비이성적으로 행동하는 사람은 없다.

Ⓓ 정원사 겸 잡일꾼 머레이 씨 역시 이해하기 힘든 업무와 지시를 받았고, 유별난 대식가는 아니다.

Ⓔ 와일드헌 저택에 유령은 없다.

Ⓕ 캐롤라인 히튼은 이 일자리에 맞는 특별한 조건을 갖추었다.

Ⓖ 짙은 옷의 남자는 캐롤라인 히튼에게 관심이 없다.

Ⓗ 캐롤라인 히튼은 위팅 가족 전원을 만난 게 아니다.

마인드맵 추리

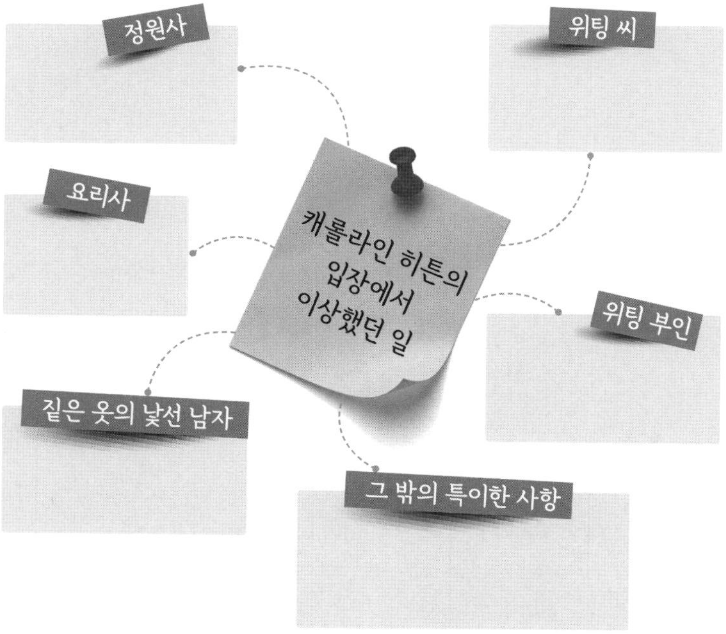

록 요란스레 음악을 연주했다. 캐롤라인 히튼이 딘 켈리를 알아챘을 때 딘 켈리는 낙담하던 참이었다. 그러나 메리가 아니라는 걸 알아보기에는 너무 거리가 멀었지만, 메리가 자신을 알아보는 기색이 없는 것을 수상하게 여겨 가능한 한 자주 그녀를 보러 왔다.

캐롤라인 히튼이 떠나고 얼마 안 되어, 위팅 부부는 메리를 가둬두려는 노력을 포기했다. 최소한 딘 켈리가 진심으로 그들의 딸을 사랑한다는 건 확인할 수 있었으니까.

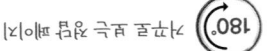

캐롤라인 히튼은 위팅 가의 맏딸 메리 위팅과 닮은 외모 때문에 채용되었다. 캐롤라인 히튼이 채용되기 몇 달 전, 위팅 부부는 메리가 목수 견습생 딘 켈리와 열애에 빠진 것을 알게 되었다. 격이 맞지 않은 관계에 경악하여, 부부는 딸에게 헤어지라고 강요했다. 점점 격해져가는 말다툼과 연인들을 떼어놓으려는 시도 끝에, 위팅 부부는 기존에 집에서 일하던 사람들을 전부 해고하고 메리를 다락방에 가두었다. 케빈과 에밀리에겐 큰누이 메리가 많이 아프고, 일하는 사람들이나 남들에게 그녀에 대해 말하면 큰일이 벌어질 거라고 일러두었다.

처음에 위팅 부부는 연락이 끊기면 딘 켈리가 알아서 멀어질 거라고 여겼다. 그러나 딘 켈리가 시간이 날 때마다 저택을 지켜보러 나타나자, 그들은 닮은 사람인 캐롤라인 히튼을 고용했다. 또 정원사 머레이에게는 절대 딘 켈리를 잡지는 말고 그가 주변에 나타나면 알리기만 하라는 지시를 내리고 그렇게 정보를 얻으면 위팅 부부는 공을 들여 캐롤라인 히튼을 행복하게 가족들과 살아가고 있는 메리처럼 보이게 꾸몄다.

다른 때 메리가 비명을 지르거나 방문을 두들겨대면, 위팅 부인은 모든 사람들을 동원해서 그 소리를 덮을 수 있도

세계의 명탐정 7

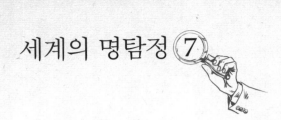

재미로 읽는 세계의 명탐정 이야기다. 순서는 데뷔 연도를 기준으로 했다.

1. 오귀스트 뒤팽

에드거 앨런 포(Edgar Allan Poe, 1809~1849)가 만들어낸 파리를 배경으로 활약하는 탐정, 나이는 알려지지 않았고 젊은 청년이라고만 나온다. 추리소설의 시조라 알려진 포의 소설에 나오기 때문에 추리소설 최초의 탐정이라고 볼 수 있다. 단편 〈모르그가의 살인 사건〉, 〈마리 로제의 수수께끼〉, 〈도둑맞은 편지〉에만 나온다.

2. 셜록 홈스

아서 코난 도일(Arthur Conan Doyle, 1859~1930)이 탄생시킨

불세출의 명탐정. 1881년 《주홍빛 연구》로 데뷔했으니 135여 년가량이 지났지만 여전히 현역 느낌이다. 런던 베이커 가에서 살며 바이올린 연주와 복싱이 취미다.

3. 아르센 루팡

모리스 르블랑(Maurice Leblanc, 1864~1941)의 탐정으로 1905년 《아르센 루팡의 체포》로 세상에 선을 보인다. 처음에는 유명한 도둑이었다가 나중에 탐정이 된 특이한 케이스로 영국의 셜록 홈스에 필적할 만한 프랑스 탐정이다.

4. 브라운 신부

작가는 길버트 키스 체스터턴(Gilbert Keith Chesterton, 1874~1936)으로 초라한 풍채의 50대 가톨릭 신부다. 1910년 《푸른 십자가》로 세상에 나왔는데 셜록 홈스 등이 증거를 모아 귀납적으로 범인을 찾는다면 브라운 신부는 오랜 인생 경험을 바탕으로 연역법적 수사를 한다.

5. 에르퀼 푸아로

추리소설의 여왕 애거서 크리스티(Agatha Christie, 1890~

1976)가 선보인 두 명의 매력적인 탐정 중 한 명이다. 1920년 《스타일즈 저택의 죽음》에서 처음 나온다. 주로 런던에서 활약하지만 벨기에 출신이라 영국인 특유의 텃세에 시달리는 장면이 자주 나온다. 162센티미터의 단신으로 스스로 회색 뇌세포라고 지칭하는 놀라운 두뇌 능력을 발휘해 사건을 해결한다.

6. 엘러리 퀸

엘러리 퀸(Ellery Queen)이라는 필명을 쓰는 두 명의 추리소설가에 의해 탄생한 탐정으로 작가 이름과 탐정 이름이 같다. 심지어 탐정이 소설 속에서 추리 작가로 나온다. 《로마 모자의 비밀》로 1929년 첫선을 보였다. 소설에서 뉴욕 시경 형사인 아버지와 짝을 이뤄 사건을 해결한다.

7. 미스 마플

애거서 크리스티의 두 번째 탐정으로 여기 나온 7대 탐정 중 유일한 여성이다. 나이는 알려지지 않았지만 한 마을에서 60여 년 이상 살았다고 하니 꽤 나이가 들었다. 1930년 《목사관 살인사건》으로 세상에 나왔다. 망원경으로 새를 관찰하기도 하고 차를 즐겨 마시는 것이 우리 책의 메리 밀러 양과 비슷한 점이 많다.

이렇게 정리해놓고 보니 명탐정들의 나이가 만만치 않음을 알 수 있다. 100여 년의 시대를 지나 영원히 살아가는 명탐정들, 무엇보다 이들에게 생명을 불어넣는 사람들은 바로 독자들일 것이다.

참고로 세계 3대 추리소설은 윌리엄 아이리시의《환상의 여인》, 애거서 크리스티의《그리고 아무도 없었다》, 엘러리 퀸의《Y의 비극》이라고 한다.《Y의 비극》대신 아서 코넌 도일의《바스커빌의 개》를 들기도 한다.

뇌가 섹시해지는 추리 퀴즈 2단계

초판 1쇄 발행 2016년 12월 5일
개정판 1쇄 발행 2023년 6월 15일

지은이 팀 데도풀로스
옮긴이 박미영
펴낸이 이범상
펴낸곳 (주)비전비엔피 · 비전코리아

기획 편집 이경원 차재호 정락정 김승희 김연희 박성아 김태은 박승연 박다정
디자인 최원영 허정수 이설
마케팅 이성호 이병준
전자책 김성화 김희정
관리 이다정

주소 우)04034 서울시 마포구 잔다리로7길 12 (서교동)
전화 02)338-2411 | **팩스** 02)338-2413
홈페이지 www.visionbp.co.kr
이메일 visioncorea@naver.com
원고투고 editor@visionbp.co.kr

등록번호 제313-2005-224호

ISBN 978-89-6322-211-0 04320
978-89-6322-209-7 04320 (SET)

· 값은 뒤표지에 있습니다.
· 잘못된 책은 구입하신 서점에서 바꿔드립니다.